# KOKEBOK FOR UTENDØRS GASSGRILL

Lær og mestr din utendørs gassgrill med de 100 beste grilloppskriftene som hele familien og vennene dine garantert vil nyte

Sofie Holm

# Alle rettigheter forbeholdt.

## Ansvarsfraskrivelse

Informasjonen i denne e-boken er ment å tjene som en omfattende samling av strategier som forfatteren av denne e-boken har forsket på. Sammendrag, strategier, tips og triks anbefales kun av forfatteren, og å lese denne e-boken vil ikke garantere at ens resultater nøyaktig vil speile forfatterens resultater. Forfatteren av e-boken har gjort alle rimelige anstrengelser for å gi oppdatert og nøyaktig informasjon til leserne av e-boken. Forfatteren og dens medarbeidere vil ikke holdes ansvarlige for eventuelle utilsiktede feil eller utelatelser som kan bli funnet. Materialet i e-boken kan inneholde informasjon fra tredjeparter. Tredjepartsmateriale omfatter meninger uttrykt av deres eiere. Som sådan påtar ikke forfatteren av e-boken seg ansvar eller ansvar for tredjepartsmateriale eller meninger. Enten på grunn av utviklingen av internett, eller uforutsette endringer i selskapets retningslinjer og redaksjonelle retningslinjer for innsending, kan det som er oppgitt som faktum på tidspunktet for skriving bli utdatert eller ubrukelig senere.

E-boken er copyright © 202 2 med alle rettigheter reservert. Det er ulovlig å omdistribuere, kopiere eller lage avledet arbeid fra denne e-boken helt eller delvis. Ingen deler av denne rapporten kan reproduseres eller retransmitteres i noen form for reprodusert eller retransmittert i noen form uten skriftlig uttrykt og signert tillatelse fra forfatteren.

# INNHOLDSFORTEGNELSE

**INNHOLDSFORTEGNELSE** .......................................................................... 3

**INNLEDNING** .................................................. ERROR! BOOKMARK NOT DEFINED.

1. En pricotkylling på spyd ........................................................................ 6
2. Tequila BBQ biff biff ........................................................................... 12
3. Grillet .................................................................................................. 14
4. Indonesisk kylling ............................................................................... 17
5. Asiatisk grillet and .............................................................................. 20
6. Kyllingbryst i yoghurt ......................................................................... 23
7. Gresk krydret grillet kalkun ................................................................ 26
8. Chicken tandoori BBQ ........................................................................ 28
9. Grillet chili kylling .............................................................................. 31
10. BBQ kylling og Andouille hasj ........................................................... 35
11. Balsamicoglasert kylling ................................................................... 38
12. Bourbon grillkylling .......................................................................... 41
13. Grillede chilevinger .......................................................................... 44
14. Varme grillede kyllingvinger ............................................................ 46
15. Kyllingvinger med hvit pepper ........................................................ 48
16. Bacon BBQ fugl ................................................................................ 51
17. Grillet Cajun kalkun indrefilet ......................................................... 53
18. BBQ Cornish vilthøner ..................................................................... 55
19. Karriedrillet kylling .......................................................................... 57
20. Grillet mandelkylling ....................................................................... 59
21. BBQ svinestek .................................................................................. 62
22. Grill polsk pølse ............................................................................... 65
23. Grillede andouillepølserullader ...................................................... 67
24. Grillpølse med krydret sennep ....................................................... 70
25. Grillpølse og Portobello .................................................................. 72
26. Champagnegrillet purre .................................................................. 75
27. Kullgrillede shiitakes ....................................................................... 78
28. Grillede konfettigrønnsaker ........................................................... 80
29. Ladegrillede artisjokker .................................................................. 83

30. Ostete grillpoteter ............... 86
31. Grillet squash og zucchini ............... 89
32. Fettuccine med østerssopp ............... 92
33. Høstgrønnsaker på grillen ............... 95
34. Grillet eikenøtt squash og asparges ............... 98
35. Grillet bok Choy ............... 101
36. Grill-side hagesalat ............... 103
37. Grillet asparges og tomater ............... 106
38. Chilis grillet karibisk salat ............... 109
39. Ruccola og grillet grønnsakssalat ............... 113
40. Salat av grillet lam og limabønne ............... 116
41. Avokado- og rissalat ............... 119
42. Brun ris og grillet grønnsak ............... 122
43. Eple mango salat med grillet kylling ............... 125
44. Grillet kylling og kikertsalat ............... 128
45. Grillet kylling og grønnsaker ............... 131
46. Karrikokos grillet kylling ............... 134
47. Grill kylling med Havana saus ............... 136
48. Grillet brasme med fennikel ............... 139
49. Epleglaserte sjømatspyd ............... 142
50. Grillspyd av fisk ............... 144
51. Alaska BBQ laks ............... 147
52. BBQ bekkerøye ............... 150
53. Kullgrillet ørret ............... 152
54. Sprø grillet steinbit ............... 154
55. Kulegrillet blekksprut med skadedyr o ............... 156
56. Ansjosgrillede laksesteker ............... 159
57. Australsk grillet fisk ............... 162
58. Bøtte med grillet langust ............... 165
59. Bayou grillet tunfisk ............... 167
60. Grillet soft-shell krabber ............... 169
61. Sitrusgrillet jumbo kamskjell ............... 171
62. Cajun grillet sverdfisk ............... 174
63. Sitrusgrillet snapper med lime ris ............... 177
64. Grillkrydret reker ............... 180
65. Grillet fisk med Dijon-glasur ............... 183

66. GRILLET AMBERJACK .................................................................................... 185

67. Grillet mynteblekksprut 186 188INTRODUKSJON

Kokebok for utendørs gassgriller fylt med deilige, nybegynnervennlige og avanserte oppskrifter som får venner og familie til å komme tilbake for mer og få deg til å lage mat som en bona fide grillmester på kort tid!

Vil du øke nivået på grillingen og låse opp de beste tipsene og triksene for hvordan du kan bli en grillmester?

Vil du imponere dine kjære ved å servere retter av restaurantkvalitet hjemme?

Hva om du enkelt kunne tilberede burgere, grønnsaker, fjærferetter og mer?

Hvorfor er det hjemmegrillede kjøttet ofte seigt, vi får ikke den perfekte finishen, fisken går i stykker, og grønnsakene er rå eller brent?

Å grille de beste måltidene trenger ikke å være vanskelig for at det skal være deilig og sunt. Det du trenger er en omfattende guide med de riktige hemmelige teknikkene!

Denne kokeboken er akkurat det du leter etter for å lage 5-stjerners kvalitetsmåltider, enten du er en nybegynner, middels eller erfaren kokk! Enten du akkurat har begynt på grilleventyrene eller om du allerede er en erfaren mester, vil du finne massevis av nyttige tips og måltider å lage mat! Lag morsomme, enkle, smakfulle og sunne måltider for familie og venner med mange oppskrifter med frokost, lunsj, middag, dessert og til og med snacks! Fra spilldagsoppskrifter, forretter, fjærfe og mer – denne kokeboken inneholder en rekke oppskrifter for enhver mage!

Ved å få denne kokeboken vil du oppdage:

- Hvordan lage appetittvekkende og sunne måltider som kommer perfekt ut hver gang!

- Mange skiftende oppskrifter som vil revolusjonere måten du tilbereder mat på.

- Den forenklede måten å sette opp stekeplaten, lære kontrollene og hele stekepannen.

- Spektakulære spilledag-oppskrifter, garantert saftige biffer og massevis av forskjellige burgeroppskrifter!

- Lage sunne måltider som er både gode og morsomme å lage!

- Hold den kulinariske kreativiteten i live ved å bruke disse tipsene for nybegynnere og eksperter!

- Den ultimate kokeboken for utendørs gassgriller som inneholder alt du trenger å vite fra AZ!

- Spesiell innsikt for Blackstone Griddle

- Et bredt utvalg av deilige frokostoppskrifter – klassisk biff og egg, padde i et hull, luftige pannekaker, potetbaconhash, etc.;

- En mengde burgeroppskrifter – biffburgere, krydret lammeburger, kalkunburger, ultimat stekeost, etc.;

- Tallrike grønnsaker og tilbehør – italienske squashskiver, lettstekt ris, stekt sopp, røkt tomat og mozzarella dip, etc.;

- De deiligste oppskriftene på fjærfe, storfekjøtt og svinekjøtt – stekt kalkunappelsin, hoisin kalkunvinger, søt og krydret svinekjøtt, etc.;

- Sunne sjømatoppskrifter – pesto-reker, svertet laks, krydret krabbebein, smakfulle meksikanske reker, saltlaks med vin, etc.;

og mye mye mer!

Si farvel til dagene hvor du føler at du ikke griller som en ekspert, og si hei til å lage de best grillede måltidene hver gang du lager mat! Det er på tide å varme opp grillen og smake på livets smaker! En pricotkylling på spyd

Utbytte: 6 porsjoner

**Ingredienser**

- 3 pund benfrie kyllingbryst, kuttet i 4-tommers biter
- 2 fedd hvitløk, hakket salt og pepper etter smak
- 4 moderate s Løk, finhakket
- 2 ss Olje
- 1½ ts koriander
- ½ ts spisskummen
- 1½ teskje Varmt karripulver
- 1 ss brunt sukker
- ½ kopp fersk sitronsaft
- 4 ss aprikossyltetøy
- 2 ss Mel
- 30 Tørkede aprikoshalvdeler
- 1 løk, kuttet i 2-tommers firkanter
- 2 laurbærblader

**Veibeskrivelse**

a) I en stor tallerken blander du kyllingbiter, hvitløk, salt og pepper; sette til side. I en moderat stekepanne, stek løk i olje til den er gylden. Rør inn koriander, spisskummen og karripulver.

b) Rør for å belegge løk, tilsett deretter brunt sukker, sitronsaft og syltetøy. Tilsett ½ kopp vann. Kok opp under konstant omrøring. Ta ut av varmen. Når den er avkjølt, hell over kyllingen. Tilsett laurbærblad og avkjøl natten over. Neste dag, spyd kjøtt med løk og aprikos på spyd.

c) Grill over kull eller grill i grillen (7 minutter på hver side). Mens kjøttet grilles, ta ut laurbærbladene fra saltlaken og flytt dem over i en tykk gryte. Kok opp.

1. **Tequila BBQ biff biff**

Utbytte: 4 porsjoner

## Ingredienser

- 4 New York stripbiff
- ½ kopp tequila
- 2 ss olivenolje
- 1 ss Pepper
- 2 ts revet sitronskall
- 1 fedd hvitløk, finhakket salt etter smak

## Veibeskrivelse

a) Tørk av biffer med et fuktig papirhåndkle; legg kjøtt i en 1-liters plastmatpose. Tilsett tequila, olje, pepper, sitronskall og hvitløk; forsegl posen, og vend for å blande krydder.

b) Sett pose i et fat; kjøl ned i minst 1 time eller opptil 1 dag; snu posen av og til. Tøm biffene og legg dem på en grill 4 til 6 tommer over en solid seng med varme kull

c) Vend biffer til å brune jevnt; for moderat -sjelden (kutt for å prøve), kok 12 til 14 minutter.

d) Flytt kjøtt til tallerkener; smak til med salt.

## 2. Grillet biffhjerte

Utbytte: 16 porsjon

## Ingredienser

- 1 Biffhjerte
- 8 fedd hvitløk; trykket
- 2 Chiles
- 2 ss spisskummen, malt
- ½ ss oregano, tørket
- Salt; å smake
- pepper, svart; å smake
- 2 kopper eddik, vin, rød
- 1 ss olje, vegetabilsk
- Salt; å smake

## Veibeskrivelse

a) Rens biffhjertet grundig, fjern alle nerver og fett. Skjær i 1" terninger, legg i en ikke-reaktiv form, avkjøl og sett til side.

b) Bland hvitløk, chili, spisskummen, oregano, salt og pepper og 1½ kopper eddik. Hell over kjøtt. Tilsett mer eddik, om nødvendig, for å dekke kjøttet helt. Mariner, avkjølt, 12-24 timer. Ca 1 time før grilling, Ta ut kjøttet fra saltlake og spyd på spyd. Reserve saltlake

c) Bløtlegg den knuste chilien i ⅓ kopp varmt vann i 30 minutter. Bland chili og vann med olje og salt i prosessor. Tilsett nok reservert saltlake (¾ kopp) for å lage tykk saus,

d) Pensle kjøttspyd med saus og grill over glødende kull eller under en griller, roter og tråkle for å steke raskt på alle sider. Stekes best moderat godt, 4-6 minutter på grillen. Server med gjenværende saus til dipping.

## 3. Indonesisk kylling

Utbytte: 4 porsjoner

**Ingredienser**

- 3 pund Griller kylling
- 1 kopp Kecap
- 2 hvitløksfedd skrelles og moses
- 2 ss fersk limejuice
- ½ kopp smeltet, usaltet smør
- ½ ts revet fersk ingefær
- 1 ts Sambal oelek
- 1 pakke Kroepoek oedang
- Maisstivelse for å tykne saltlake for saus
- Søt soyasaus.
- Varm peppersaus.
- Reker Puffs.

**Veibeskrivelse**

a) Skjær kyllingen i 8 biter. Bland de resterende ingrediensene bortsett fra reker. Legg til kyllingbiter; bland til belegg.

b) Mariner i 2 timer ved romtemperatur, rør av og til. Ta ut kyllingbitene fra saltlaken

c) Stek, avdekket, ved 400 F. i 35 til 40 minutter eller opp til ferdig, tråkle etter behov. Hvis den brunes for raskt, dekk til med folie.

d) Varm opp reservert saltlake med maisstivelse til den tykner og server som saus om ønskelig. Server med reker Puffs ved siden av. For disse er det bare å fritere i varmt fett eller olje, renne av med en gang på papirhåndklær. Sjetongene vil PUFFES så snart de treffer fettet.

## 4. Asiatisk grillet and

Utbytte: 6 porsjoner

## Ingredienser

- 2 ender (5 lb. hver)
- 6 gram plommesyltetøy
- 1 kopp papayajuice
- ½ kopp risvineddik
- ¼ kopp soyasaus
- 2 tommer ingefær
- 4 ss basilikum
- 4 fedd hvitløk, i terninger
- ½ løk, i terninger
- 1 Jalapeno Pepper, med frø

## Veibeskrivelse

a) Prikk endene over det hele med en gaffel. Plasser i en dampkoker med ca 1" vann. Kok opp. Reduser varmen til en koking og dekk til.

b) La småkoke i 50 til 60 minutter. Skjær endene i porsjonsstørrelser.

c) Bland de resterende ingrediensene i en foodprosessor. Legg andestykkene i en flat glassbakeform, og hell saltlaken over.

d) La andestykkene marinere i 1 time, roter én gang i løpet av den tiden. Gjør klar grillen - den er IKKE klar før ALLE kullene har fått et tykt, jevnt belegg av grå aske.

e) Plasser en drypppanne midt på grillen med de varme kullene rundt. Legg andestykkene på rist rett over drypppannen. Sett lokket på grillen. Stek opp til skinnet er brunt og anda er ferdig etter smak. Serveres varm.

## 5. Kyllingbryst i yoghurt

Utbytte: 4 porsjoner

**Ingredienser**

- 6 beinfrie, skinnfrie kyllinger

**2 kopper Yoghurt saltlake**

- 1 ts ristet og knust spisskummen
- ½ ts røde chiliflak
- 2 ts grillet hvitløk
- ¼ kopp finhakket løkløk
- 1 kopp vanlig yoghurt
- 1 ts paprika
- 1 ss fersk sitronsaft

**Sitron-estragon vinaigrette**

- ½ c fersk sitronsaft
- 1 ts revet sitronskall
- 2 ss hvitvinseddik
- 1 ss finhakket sjalottløk
- 2 ss hakket fersk estragon
- 2 ts honning
- ½ kopp olivenolje

- avfettet kyllingkraft
- Kosher salt og fersk
- kvernet hvit pepper

**Veibeskrivelse**

a) Bland saltlakeingrediensene i en moderat rett. Tilsett kyllingen og mariner i kjøleskapet i minst 2 timer. Bland sitronsaft, sitronskall, eddik, sjalottløk, estragon og honning i en tallerken og bland med en stavmikser.

b) Bland sakte olivenolje eller kraft, enten ved å vispe for hånd eller pulsere 2 til 3 ganger med en håndmikser. Vinaigretten skal ikke emulgeres, men forbli veldig lett i kroppen.

c) Smak til med salt og pepper

d) Oppbevares tildekket i kjøleskapet i opptil 3 dager.

e) Tørk av overflødig saltlake fra kyllingen. Grill eller grill opp til kyllingen er akkurat ferdig og saftig, ca 3 til 4 minutter på hver side. Mens kyllingen koker, varm olivenolje i en stor stekepanne og stek raskt de salte grønnsakene til de er så vidt visne.

f) Server kyllingen på toppen av grønnsakene og dryss med vinaigretten etter smak.

## 6. Gresk krydret grillet kalkun

Utbytte: 1 porsjon

## Ingredienser

- ¼ kopp fersk sitronsaft
- 3 ss vann
- 1 ss olivenolje
- ½ ts tørket oregano
- ½ ts krydder i gresk stil
- ¼ teskje svart pepper
- 2 fedd hvitløk; knust
- 1 pund kalkunbryst 'koteletter'

## Veibeskrivelse

a) Bland de første 7 ingrediensene i en stor kraftig pose med glidelås. Legg til kalkun.

b) Forsegl posen og rist til kalkunen er godt dekket. Mariner i kjøleskapet i 30 minutter, roter posen av og til.

c) Ta ut kalkun fra saltlake, porsjoner saltlake. Klaggrill med kokespray. Legg på grillen over moderat varme kull.

d) Legg kalkun på rist og grill tildekket i 10 minutter på hver side eller opp til kalkunen ikke lenger er rosa i midten .

## 7. Kylling tandoori BBQ

Utbytte: 6 porsjoner

**Ingredienser**

- 16 gram vanlig yoghurt
- ¼ kopp limejuice
- 2 fedd hvitløk, fint
- Terninger eller presset
- 2 ts salt
- ¼ teskje Gurkemeie
- ½ ts koriander
- 1 ts malt spisskummen
- 1½ ts malt ingefær
- ⅛ teskje Cayennepepper
- 3 hele kyllingbryst
- 1 stor løk, finhakket
- 1 stor grønn pepper

**Veibeskrivelse**

a) Klare varme kull eller Varm opp grillen i 10 minutter.

b) Bland i en stor tallerken Yoghurt, koriander, lime, juice, spisskummen, hvitløk, ingefær, salt, kajennepepper og gurkemeie.

c) Rør for å blande. Tilsett kyllingbiter og bland til belegg. Dekk blandingen og kyllingen med paprika og løk. Dekke. Avkjøl over natten

d) Snu og kok til den er ferdig, ca 15 til 20 minutter. Tørk med saltlake under hele matlagingen. WALT

## 8. Grillet chili kylling

Utbytte: 2 eller 3

**Ingredienser**

- 1 kopp vanlig yoghurt
- 1 ss sitronsaft
- ½ kopp løk; grove terninger
- 1 ts spisskummen frø
- 1 ts pepperkorn
- 1 ts Szechuan Pepper
- 2 ferske røde chilier
- 2 ss sennepsolje
- Salt etter smak
- 1½ pund kyllingbryst
- 2 ss sennepsolje
- 3 Tørke hele røde paprika
- ½ teskje Gurkemeie
- 1 kopp løk; fine terninger
- 1 ts hvitløk; hakket
- 1 ts fersk ingefær; fint revet
- 2 røde chilier; hakket

- 1 ts spisskummen pulver
- 1 ts korianderpulver
- 1 ts nykvernet svart pepper
- Salt etter smak
- 1 kopp tomater; terninger
- 1 kopp kyllingbuljong
- ½ kopp grønn løk; kuttet i 1-tommers lengder

**Veibeskrivelse**

a) Bland yoghurt, sitronsaft, løk, spisskummen, pepperkorn, rød chili, sennepsolje og salt i en mikser. Bland for å danne en jevn pasta.

b) Hell marineringspastaen over kyllingen i et stort fat. Bland godt, dekk til og la marinere i minst fire timer.

c) Grill den marinerte kyllingen på en kullgrill, og roter av og til til den er gjennomstekt, ca. 7 minutter. Skjær grillet kylling i 1-tommers strimler.

d) Varm 2 ss sennepsolje i en kjele over moderat varme. Stek tørr hel rød paprika til mørk. Tilsett gurkemeie og rør i 15 sekunder. Tilsett løk og stek på moderat varme til den er brun. Tilsett hvitløk, ingefær, rød chili, spisskummen, koriander, sort pepper og salt til løkblandingen.

e) Stek i 30 sekunder, og tilsett deretter tomater og kyllingbuljong.

f) Reduser varmen til å putre og la tomat-løkblandingen koke i ca. 10 minutter, til den tykner. Flytt grillede kyllingstrimler til sausen; rør godt om. Kok i ytterligere 10 minutter for å fordampe overflødig væske slik at kyllingbitene er belagt med sausen. Krydre med salt og pepper. Pynt med grønn løk. Server med ris eller roti.

## 9. BBQ kylling og Andouille hasj

Utbytte: 4 porsjoner

**Ingredienser**

- 6 gram kyllingbryst
- ¼ kopp BBQ-saus
- Salt og pepper
- 2 ss olivenolje
- 2 kopper kokte poteter i terninger, terninger
- ¼ kopp Små løk i terninger
- 2 ss hakket sjalottløk
- 1 kopp Andouille-pølse i terninger
- 1 ss finhakket hvitløk
- Posjerte egg:
- 4 egg
- 3 ss Segmentert grønn løk

**Veibeskrivelse**

a) Varm opp grillen eller grillen. Krydre kyllingen med salt og pepper.

b) Pensle BBQ-sausen på kyllingen, belegg brystet helt.

c) Legg kyllingen på den varme grillen eller grillen og stek i 5-6 minutter på hver side. Sett til side og avkjøl.

d) For hashen: Varm oljen i en stekepanne. Tilsett potetene og stek, rist pannen av og til, i 2 minutter. Tilsett løk, sjalottløk og andouille, og stek i 1 minutt. Skjær BBQ-kyllingen i små terninger og tilsett i andouilleblandingen og stek i 1 minutt. Tilsett hvitløken og smak til med salt og pepper, og rør av og til i 4 minutter.

e) For posjert egg: Kok opp 3 kopper vann med $\frac{1}{2}$ ts hvit eddik og $\frac{1}{2}$ ts salt i en liten kjele over høy varme.

f) Knekk et egg i en kopp og skyv egget forsiktig ned i vannet. Knekk et annet egg i koppen og når vannet koker tilbake, skyv dette egget ned i vannet også.

g) Når vannet koker opp igjen, reduser varmen til lav og la det småkoke til eggene er stivnet, ca 2-2$\frac{1}{2}$ minutter. Tørk av på tørkepapir.

h) Sjømattråd: Bland $\frac{1}{2}$ kopp smeltet smør, 3 ss sitronsaft, 2 ss hakket persille og $\frac{1}{2}$ ss revet sitronskall.

10. **Balsamicoglasert kylling**

Utbytte: 4 porsjoner

**Ingredienser**

- 1 (3 1/2 til 4 pund) kylling
- 2 fedd hvitløk, finhakket
- 4 ss rosmarinblader i terninger
- 2 ss nykvernet sort pepper
- 1 ts havsalt
- 3 ss virgin olivenolje
- 2 gram Prosciutto skall
- 2 gram parmesanskall
- 2 moderate s Rødløk, Segmentert i
- 1 tommers disker
- 1 glass Lombroso
- 4 ss balsamicoeddik
- 6 store Radicchio di Treviso
- 2 ss ekstra virgin olivenolje

**Veibeskrivelse :**
a)   Varm opp grillen til 375 grader.

b) Skyll og klapp tørr kylling. Ta ut innmaten og sett dem til side.

c) Hakk hvitløk, rosmarin, pepper og havsalt sammen og bland med virgin olivenolje. Gni utsiden av kyllingen over hele med rosmarinblandingen. Plasser skallene av prosciutto og parmesan inne i hulrommet og la stå kjølt over natten.

d) Legg løkskiver og innmat i bunnen av en liten tykkbunnet stekepanne. Legg kyllingen oppå løk med brystsiden opp. Hell et glass Lombroso over løk og gni kyllingen over hele med 4 ss balsamicoeddik.

e) Sett på grillen og stek i 1 time og 10 minutter.

f) Skjær Radicchio i to på langs og legg den på grillen og stek i 3 til 4 minutter på hver side. Ta ut fra grillen og pensle med extra virgin olivenolje og sett til side. Ta fuglen ut av grillen og la den hvile i 5 minutter. Flytt kyllingen til et utskjæringsfat. Legg løk og innmat i en tallerken, sammen med saftene. Skjær kyllingen, dryss med gjenværende eddik og server umiddelbart.

## 11. Bourbon grillkylling

Utbytte: 8 porsjoner

**Ingredienser**
- 2 pund beinfri kyllingbryst uten skinn
- ½ kopp hakket løk
- 2 fedd hvitløk; hakket
- 1 ss olivenolje
- 2 ts appelsinskall
- ⅓ kopp appelsinjuice
- 1 ss vineddik
- ⅓ kopp Bourbon whisky
- ½ kopp melasse
- ½ kopp Catsup
- 1 ss biffsaus
- ¼ teskje tørr sennep
- Salt og nykvernet sort pepper
- Tabasco; å smake
- 1 ts chilipulver
- 1 klype nellik

**Veibeskrivelse**

a) Bland alle ingrediensene bortsett fra kylling godt. Mariner kyllingen i 4 timer.

b) Ta ut av saltlake og grill, tråkle med saltlake ofte.

## 12. Grillede chilevinger

Utbytte: 4 porsjoner

## Ingredienser

- 1 kopp ananasjuice
- 2 ss balsamicoeddik
- 2 ss mørk brunt sukker
- 4 fedd hvitløk; finhakket
- 1 skotsk panser eller habanero chile; finhakket
- ½ ts Malt allehånde
- 24 kyllingvinger
- Salt og nykvernet pepper
- Gulrot og stangselleri

## Veibeskrivelse

a) Bruk en sidebrenner eller varm opp grillen. Bland alle ingrediensene i en liten kjele og la koke i 2 minutter. Ta ut av varmen, hell i en stor form og la avkjøles. Tilsett kyllingvinger i saltlaken og mariner i kjøleskapet i minst 2 timer.

b) Grill over moderat varme i 10 til 15 minutter eller til den er gjennomstekt

c) Server med selleri og gulrotstaver.

13. <u>**Varme grillede kyllingvinger**</u>

Utbytte: 24 varme vinger

## Ingredienser

- 12 kyllingvinger
- ½ kopp mel
- ½ ts chilipulver
- ⅓ kopp matolje
- ½ kopp grillsaus
- ½ ts varm peppersaus

## Veibeskrivelse

a) Ta ut vingespisser og kutt vingene i to. Dryss inn en blanding av mel og chilipulver og stek i varm olje, i 8-10 minutter på hver side, til den er gyldenbrun. Tørk av på tørkepapir.

b) Varm sammen grillsausen og peppersausen.

c) Tilsett de kokte kyllingvingene og la det småkoke i noen minutter.

14.     **Kyllingvinger med hvit pepper**

Utbytte: 6 porsjoner

## Ingredienser

- 20 kyllingvinger; kutt i skjøten (lagre vingespisser for lager eller kast dem)
- ¼ kopp nyknekket hvit pepper
- 2 ss salt
- ½ kopp soyasaus
- ¼ kopp limejuice (ca. 2 lime)
- 2 ss finhakket ingefær
- 2 ts finhakket hvitløk
- 2 ss Hakket fersk rød eller grønn chilipepper etter eget valg
- 1 ss sukker
- 2 ss Frisk basilikum i terninger
- 2 ss Frisk koriander i terninger

## Veibeskrivelse

a) sprut vingene med pepper og salt. Grill over en moderat varm brann til de er godt brune, 5 til 7 minutter, roter rundt et par ganger.

b) Ta den største vingen av bålet og sjekk om den er ferdig ved å spise den.

c) Ta ut vingene fra grillen og legg dem i et stort fat.

d) Tilsett alle de resterende ingrediensene bland godt, og server.

## 15. Bacon BBQ fugl

Utbytte: 4 porsjoner

Ingredienser

- 1 8 fugler etter eget valg
- 1 lb ferskt bacon
- $\frac{1}{2}$ kopp italiensk salatdressing
- 1 ss paprika
- 1 ts malt salvie
- $\frac{1}{2}$ ts hvitløkspulver
- Salt og pepper

Veibeskrivelse

a) Mariner fuglene i italiensk salatdressing over natten. Tørk tørr, smak til med paprika, malt salvie, hvitløkspulver, salt og pepper. Pakk hver fugl med baconsegmenter. Plasser fuglene på en moderat varm grill, med baconsømmen ned.

b) Dekk til og grill i 15 minutter. Snu og grill i ytterligere 15 minutter. Test fuglen med en gaffel, hvis den ikke er mør, kok i ytterligere 15 minutter.

c) Bakte bønner, fyll, ferske grønnsaker og brød etter eget valg vil være et utmerket supplement til denne hovedretten. Etter at fuglene er ferdige, kast baconet i gryten med bakte bønner for utmerket krydder.

16.     **Grillet cajun kalkun indrefilet**

Utbytte: 5 porsjoner

### Ingredienser

- 1 pakke Benfri fersk kalkunbryst indrefilet
- 1½ ts paprika
- ½ ts løkpulver
- 1/2 ts hvitløkspulver
- 1/4 ts kajennepepper

### Veibeskrivelse

a) Bland alle ingrediensene unntatt indrefilet av kalkunbryst i en liten tallerken. Spray kalkun lett med Pam.

b) Dekk jevnt med krydderblanding

c) Plasser en drypppanne av aluminiumsfolie i midten av grillen med varme kull rundt, fyll med ½" vann.

d) Plasser kalkun på grillen 4 til 6 tommer fra kull, rett over drypppanne. Dekk grillen med lokk. Grill i 20 minutter.

e) Snu og dekk til. Grill 15 til 25 minutter mer eller opp til kalkunen ikke lenger er rosa i midten.

## 17. BBQ Cornish vilthøner

Utbytte: 4 porsjoner

**Ingredienser**

- 2 korniske vilthøner (1 til 1 1/2 pund hver)
- 3 ss olivenolje
- ⅓ kopp sitronsaft
- 1 ss Grovknust sort pepper
- ½ ts salt
- 1 kvist fersk rosmarin (valgfritt)
- 50 briketter kull (ca. 3 pund)

**Veibeskrivelse**

a) Del hønene på langs, skyll og tørk. Bland olivenolje, sitronsaft, knust pepper og salt i en liten tallerken. Legg hønehalvdelene i en plastpose. Legg posen i et fat. Hell saltlaken over hønene. Dekk til og avkjøl i flere timer eller over natten, roter hønene av og til. Når kullbrikettene er middels varme, legg dem rundt en drypppanne på en dekket grill.

b) Rett før grilling tilsetter du rosmarinkvisten til kullene. Ta ut hønene fra laken og legg dem med skinnsiden opp på grillen over drypppannen. Dekk til grillen og stek hønehalvdelene i 45 minutter eller opp til de er ferdige, og tråkle av og til med saltlake.

18. <u>**Karri grillet kylling**</u>

Utbytte: 4 porsjoner

**Ingredienser**

- 8 gram yoghurt
- ¼ kopp hakket fersk mynte -eller-
- 1 ss tørket mynte i terninger
- ⅓ kopp Finhakket rødløk
- 2 ts finhakket hvitløk
- 1 ts sitronsaft
- 2 ts karripulver
- 4 Kip-fileter (benfri; kyllingbrysthalvdeler uten skinn)

**Veibeskrivelse**

a) Bland alle ingrediensene unntatt kylling i en liten tallerken; Bland godt. Legg kyllingen i en grunne glassform.

b) Hell ½ kopp yoghurtblanding over kyllingen; snu for å belegge begge sider. Dekk til og mariner i kjøleskapet i 3 timer eller over natten.

c) Dekk til og avkjøl resten av yoghurtblandingen separat.

19.     <u>**Grillet mandelkylling**</u>

Utbytte: 4 porsjoner

**Ingredienser**

- 1 egg
- ¼ kopp maisstivelse
- 2 ss soyasaus
- 1 stor hvitløksfedd; hakket
- 2 hele beinfrie kyllingbryst uten skinn; klipp 1" x 3" strimler
- 2½ kopp finhakkede mandler eller valnøtter; lett ristet
- 2 ss Finhakket tørket eller fersk persille
- 4 ferske California-plommer; halvert og groper
- Frisk estragon; valgfri
- Blancherte kinesiske ertebelger; valgfri
- Strimlet isbergsalat; valgfri
- 1 velsmakende plommesaus

**Veibeskrivelse**

a) Bland de første 4 ingrediensene i en plastpose. Tilsett kyllingbiter og mariner i 15 minutter; tappe. Ha mandler og persille i en plastpose. Legg kyllingbitene, noen få om gangen, i mandelblandingen.

b) Rist for å belegge grundig. Legg kylling, plommehalvdeler og estragon i en grillkurv eller spyd på spyd.

c) Grill over moderat indirekte varme i 8 minutter eller opp til de er brune og gjennomstekt. Se sakte for å unngå brenning.

d) Om ønskelig, server på et fat med salat- og ertebelger. Hell plommesausen over kyllingen.

20. **BBQ svinestek**

Utbytte: 8 porsjoner

## Ingredienser

- 3½ pounds svinekjøtt skulder eller ben stek; beinfri
- 2 ss vegetabilsk olje
- ¾ kopp løk; fine terninger
- 1 fedd hvitløk; hakket
- 2 ts Jalapeno pepper; hakket
- 1 kopp tomatjuice
- 1 ss hvit eddik
- 1 ss Worcestershire saus
- 1 ss chilipulver
- ½ ts salt
- ½ ts paprika
- ½ teskje Malt spisskummen
- ½ ts tørket oregano
- ¼ teskje svart pepper; bakke
- ¼ ts Cayennepepper

## Veibeskrivelse

a) Segmenter svinestek horisontalt, omtrent ¾ av veien gjennom slik at den åpner seg som en bok. Skår toppen av kjøttet på tvers med ½ tomme dype skråstreker.

b) i en moderat gryte; tilsett løk, hvitløk, jalapenopepper og stek i 3 til 5 minutter. Rør inn de resterende ingrediensene og kok opp.

c) Dekk til, reduser varmen og la det småkoke i 10 minutter. La avkjøles helt.

d) I en grunn beholder Bland blandingen med svinekjøtt, dekk til og mariner i kjøleskapet i 4 timer eller over natten.

e) Legg svinekjøttet i en grunne stekepanne og hell saltlake over toppen.

f) Stek i en grill eller grill ved moderat varme 325 grader, ca. 25 minutter per pund til en indre temperatur på 160 grader F. Tråkk med saltlake og snu av og til.

g) Server tynt oppdelt på en sprø rull, med bakte bønner og maiskolber.

21. <u>**Grill polsk pølse**</u>

Utbytte: 100 porsjoner

**Ingredienser**

- 18¾ pund polsk pølse
- 3⅛ pund surkål
- 1 pund løk tørr
- 100 boller Frankfurter
- 1⅛ pund sennep

**Veibeskrivelse**

a) Grill til den er gjennomstekt og brun. Snu ofte for å sikre jevn bruning.

b) Legg 2 stykker pølse i hver rull.

c) Smør 1 ts sennep på hver pølse. Tilsett 1 ss surkål og 1 ts hakket løk.

d) Serveres varm.

## 22. Grillede andouille pølserullader

Utbytte: 1 porsjon

**Ingredienser**

- 2 ts olivenolje
- ½ pund Andouillepølse
- ½ kopp finhakket løk
- ½ pund Maytag blåmuggost
- 1 pund flankebiff; kutt i 4
- Essens
- kvelede poteter
- 1 ss finhakket fersk persille
- 1 ss olivenolje
- 1 kopp Del løk i tynne segmenter
- Salt
- Nykvernet sort pepper
- ¼ pund valnøtthalvdeler
- 1 pund Nypoteter; delt og grillet
- 2 ts Hakket hvitløk
- 2 kopper kalvekjøttreduksjon

**Veibeskrivelse**

a) Varm opp grillen.

b) Legg hvert stykke flankebiff mellom to ark med plastfolie.

c) Bruk en måltidsklubbe og bank hver biff omtrent $\frac{1}{4}$ tomme tykk. Ta ut og kast plastfolien.

d) Krydre begge sider av biffen med essens.

e) Skje 2 gram av pølseblandingen jevnt over hver biff. Dryss 2 gram av osten, jevnt over hver biff. Begynn i den ene enden, rull opp hver biff stramt, og dann en gelé-rull-lignende form.

f) Fest hver rulle med tre tannpirkere.

g) Legg ruladene på grillen og stek i 2 til 3 minutter på alle sider, for moderat sjeldne.

h) Ta ut av grillen og hvile et par minutter før du skjærer i skiver.

i) Bruk en skarp kniv og del hver rulle i $\frac{1}{2}$ tomme segmenter.

j) For å servere, skje med potetene på midten av hver tallerken. Ordne ruladesegmentene rundt potetene. Pynt med persille.

23. **Grillpølse med krydret sennep**

Utbytte: 1 porsjon

**Ingredienser**

- Mild italiensk pølse --
- Grillet
- Krydret sennep
- Grillspyd

**Veibeskrivelse**

a) Grill eller grill mild italiensk pølse; kutt i biter og server på spyd, akkompagnert med favorittkrydret sennep.

24. <u>Grillpølse og Portobello</u>

Utbytte: 6 porsjoner

Ingredienser

- 2 pund tomater; halvert
- 1 stor Portobello-sopp
- 1 ss vegetabilsk olje
- 1 ts salt; delt
- 1 pund søte italienske pølser
- 2 ss olivenolje
- 1 ts finhakket hvitløk
- $\frac{1}{4}$ teskje timian
- $\frac{1}{4}$ ts nykvernet pepper
- 1 pund Rigatoni

**Veibeskrivelse**

a) Varm grill

b) Pensle tomater og sopp med vegetabilsk olje og krydre med $\frac{1}{2}$ teskje salt. Grill over moderat varm varme til de er møre, 5 til 10 minutter for tomater og 8 til 12 minutter for sopp, roter én gang. Grill pølser 15 til 20 minutter, roter en gang.

c) Skjær tomater i terninger; segment pølser og sopp; Skift til stor tallerken. Rør inn olivenolje, hvitløk, resterende $\frac{1}{2}$ ts salt, timian og pepper.

d) bland med varm rigatoni.

25. <u>**Champagne grillet purre**</u>

Utbytte: 4 porsjoner

**Ingredienser**

- 6 lekkasjer av moderat størrelse
- 2 ss olivenolje
- 1 kopp fersk timian; grovt kuttet
- 2 kopper champagne
- 1 kopp kyllingkraft
- 1 kopp smuldret fetaost
- Salt og pepper; å smake

**Veibeskrivelse**

a) Trim topper og bunner av purre, og la ca 2 til 3 tommer grønt over den hvite delen av purren. Fra midten av trimmet purre, lag flere langsgående segmenter mot den grønne purren. Skyll purre grundig.

b) I en stor stekepanne, varm olivenolje over moderat varme. Når oljen er varm, tilsett timian og rør i 1 minutt. Tilsett purre og stek i 3 minutter, til den er lett gylden på flere sider. Tilsett champagne og kraft, og la purren småkoke til den er mør, ca 8 minutter. Ta ut purre fra pannen og sett til side.

c) Fortsett å putre sausen som er igjen i pannen til den er halvert. I mellomtiden, grill purre over en moderat varm kullild i 8 til 10 minutter, roter flere ganger. Ta ut purre fra grillen og del den i to på langs.

d) Server umiddelbart, tilsett litt feta og litt av den reduserte sausen til hver porsjon

26. **Kullgrillede shiitakes**

Utbytte: 4 porsjoner

**Ingredienser**

- 8 gram Shiitakes
- 1 ss olivenolje
- 1 ss Tamari
- 1 ss hvitløk, knust
- 1 ts rosmarin, finhakket
- Salt og sort pepper
- 1 ts lønnesirup
- 1 ts sesamolje
- Edamame

**Veibeskrivelse**

a) Skyll sopp. Ta ut og kast stilkene. Bland sopp med de resterende ingrediensene og mariner i 5 minutter. Grill hettene over kull til de er lett svidd.

b) Pynt med Edamame.

27. **Grillede konfetti grønnsaker**

Utbytte: 4 porsjoner

Ingredienser

- 8 cherrytomater; - halvert, opptil 10
- 1½ kopp mais kuttet fra kolben
- 1 søt rød pepper; julienned
- ½ moderat grønn pepper; julienned
- 1 liten løk; Segmentert
- 1 ss friske basilikumblader; terninger
- ¼ ts revet sitronskall
- Salt og pepper; å smake
- 1 ss + 1 ts usaltet smør

Veibeskrivelse

a) Bland alle ingrediensene unntatt smør i en stor tallerken; bland forsiktig for å blande godt. Del grønnsaksblandingen i to. Plasser hver halvdel i midten av et 12 x 12" stykke kraftig aluminiumsfolie. Prikk grønnsaker med smør

b) Bring hjørner av folie sammen for å danne en pyramide; vri for å forsegle.

c) Grill foliepakker over moderat varme kull i 15 til 20 minutter, eller til grønnsakene er møre. Server umiddelbart.

28. **Ladegrillede artisjokker**

Utbytte: 6 porsjoner

## Ingredienser

- 12 store unge artisjokker
- $1\frac{1}{2}$ kopp sherryvineddik
- $\frac{1}{2}$ kopp sitronsaft
- 1 kopp olivenolje
- salt og pepper

## Veibeskrivelse

a) En etter en tar du tak i artisjokkene i stilken og slår mot arbeidsflaten for å åpne dem uten å knekke av bladene.

b) Klipp av stilkene; vask i kaldt vann og tøm. Legg et lag med artisjokker i et stort fat. Krydre godt og dryss sjenerøst med eddik, tilsett deretter litt sitronsaft og litt olje.

c) Gjenta prosessen til alle artisjokkene er i saltlaken. La marinere i 8 timer, rør av og til med en lang tresleiv.

d) Når de er marinert, griller du artisjokkene over kull eller løvtre, og drysser dem med saltlake.

e) Server veldig varmt, to til en tallerken, i en 'sittende stilling' med bladene pekende oppover.

## 29.     Osteaktige grillede poteter

Utbytte: 4 porsjoner

## Ingredienser

- 3 rødbrune poteter, hver skåret i 8, på langs
- 1 løk, tynt segmentert
- 2 ss olivenolje
- 1 ss Frisk persille i terninger
- ½ ts hvitløkspulver
- ½ ts salt
- ½ ts Grovkvernet pepper
- 1 kopp revet cheddarost eller Colby-jack ost

## Veibeskrivelse

a) I en stor tallerken Bland potetbåter, løk, olje, persille, hvitløkspulver, salt og pepper. Legg i en foliegrillpanne i ett lag. Dekk med en annen folieform for å danne en pakke. Forsterk den forseglede kanten av pakken med folie.

b) Plasser på grill over moderat varme; kok 40 til 50 minutter eller opp til de er møre, rist pakken med jevne mellomrom og roter opp ned halvveis gjennom grillingen. Ta ut dekselet;

topp med ost. Dekk til, kok i 3 til 4 minutter til osten smelter.

# 30. Grillet squash og zucchini

Utbytte: 4 porsjoner

**Ingredienser**

- ¼ kopp olivenolje
- 1 ss finhakket hvitløk
- ¼ kopp finhakket fersk chilipepper
- 2 ss Comino frø
- Salt og pepper etter smak
- 2 moderate Zucchini, kuttet på langs
- 2 moderate Sommersquash, kuttet
- ¼ kopp olivenolje
- ⅓ kopp fersk limejuice
- 3 ss honning
- ¼ kopp Frisk koriander i grove terninger
- Salt og pepper etter smak

**Veibeskrivelse**

a) Lag dressingen: I en liten tallerken, visp sammen alle ingrediensene og legg dem til side.

b) Bland olivenolje, hvitløk, chilipepper og Comino-frø i en moderat rett og bland godt. Tilsett squash- og zucchiniplankene og bland godt så squashene er helt dekket av blandingen.

c) Plasser squashene på grillen over en moderat varm brann og stek i ca 3 minutter på hver side, eller til de er godt brune. Ta ut squashene fra grillen, legg dem på et fat, dryss med dressingen og server.

31. **Fettuccine med østerssopp**

Utbytte: 4 porsjoner

## Ingredienser

- 8 fedd hvitløk; tynt segmentert
- 4 ss virgin olivenolje
- 1 kopp Cinzano Rosso eller annen søt rød vermouth
- ½ pund østerssopp; grillet eller grillet
- 1 kopp kyllingkraft
- 4 ss ekstra virgin olivenolje
- Salt; å smake
- nykvernet sort pepper; å smake
- 1 pund fersk pasta; kuttet i fettuccine
- 1 haug fersk ruccola; stammet, vasket,
- En håndfull erter til pynt

## Veibeskrivelse

a) Kok opp 6 liter vann og tilsett 2 ss salt. I en 10- til 12-tommers stekepanne, varm 4 ss virgin olivenolje over moderat varme og tilsett hvitløk og stek til den er lysebrun. Ta ut av varmen og tilsett Cinzano.

b) Tilsett østerssopp, kyllingkraft og 4 ss ekstra virgin olivenolje og reduser til det halve.

c) Smak til med salt og pepper. Slipp pastaen i kokende vann og kok til den er mør, men al dente (ca. 1 til 2 minutter). Hell av i et dørslag over vasken og hell varm pasta i

d) Stek panne med soppblanding. Rør forsiktig over moderat varme i 1 minutt for å belegge nudler. Bland inn rå ruccola og bland i 30 sekunder til den er visnet. Hell i en oppvarmet porsjonsform og server umiddelbart.

32. <u>**Høstgrønnsaker på grillen**</u>

Utbytte: 1 porsjon

**Ingredienser**

- 2 Bakepoteter
- 2 søtpoteter
- 1 Acorn squash
- ¼ kopp smør; smeltet
- 3 ss vegetabilsk olje
- 1 ss timian
- Salt og pepper etter smak

**Veibeskrivelse**

a) Varm opp grillen og gjør deg klar for indirekte grilling. Skrell poteter, søtpoteter og squash. Skjær i 1-tommers tykke segmenter. Kast frø og fibre fra squash. Bland grønnsaker med olje, salt og pepper. I en liten form Bland smør og timian

b) Legg grønnsakene på grillen vekk fra direkte varme.

c) Lukk lokket og stek i ca 15 minutter. Snu og fortsett å koke i 15 minutter til.

d) Snu igjen og pensle med smør og timianblanding. Dekk alle sider og fortsett å steke til grønnsakene er møre.

33.  **Grillet eikenøtt squash og asparges**

Utbytte: 1 porsjon

Ingredienser

- 4 Acorn squash
- Salt; å smake
- Pepper; å smake
- 4 rosmarinkvister
- 4 ss løk; hakket
- 4 ss selleri; hakket
- 4 ss gulrøtter; hakket
- 4 ss olivenolje
- 2 kopper grønnsakskraft
- 1 pund Quinoa; vasket
- 2 pund fersk villsopp
- 2 pund blyant asparges

**Veibeskrivelse**

a) Gni eikenøttsquash med salt, pepper, olje og rosmarin kraftig på innsiden.

b) Grill med forsiden ned i 8 minutter. Vend, plasser rosmarin inni og kok under lokk i 20 minutter.

c) Legg løk, selleri, gulrøtter og 1 ss olivenolje i en gryte og kok opp. Tilsett kraft og quinoa og kok opp. Dekk godt til og la det småkoke i 10 minutter. Avdekke squash, legg quinoablandingen i squashen og dekk til. Kok i ytterligere 10 minutter.

d) Bland lett sopp og asparges med olivenolje, salt og pepper. Grill i 3 minutter på hver side. Server squash med quinoa inni og ha sopp og asparges flytende rundt.

## 34. Grillet bok Choy

Utbytte: 1 porsjon

## Ingredienser

- 2 hoder bok choy
- ¼ kopp risvineddik
- 1 ss chilisaus
- Salt og pepper
- ¾ kopp vegetabilsk olje
- 2 løkløk; terninger
- 2 ss sesamfrø

## Veibeskrivelse

a) Bland i en tallerken eddik og chilisaus og smak til med salt og pepper.

b) Visp inn olje. Rør inn løkløk og sesamfrø.

c) Varm opp grillen og legg bok Choy-biter på en varm grill. Grill 2 til 5 minutter til den er sprø. Kjole med vinaigrette.

35.     **<u>Hagesalat på grillsiden</u>**

Utbytte: 6 porsjoner

## Ingredienser

- 2 moderate tomater, frøet og i terninger
- 1 moderat zucchini i terninger
- 1 kopp frossen hele maiskorn, tint
- 1 liten moden avokado, skrelles, frøsettes og kuttes i grove terninger
- ⅓ kopp tynt segmentert grønn løk med topper
- ⅓ kopp Pace Picante-saus
- 2 ss vegetabilsk olje
- 2 ss Frisk koriander eller persille i terninger
- 1 ss sitron- eller limejuice
- $\frac{3}{4}$ ts hvitløkssalt
- $\frac{1}{4}$ teskje Malt spisskummen

## Veibeskrivelse

a) Bland tomater, zucchini, mais, avokado og grønn løk i en stor tallerken.

b) Bland de resterende ingrediensene; Bland godt. Hell over grønnsaksblandingen; bland forsiktig. Avkjøl i 3-4 timer, mens du rører forsiktig av og til.

c) Rør forsiktig og server avkjølt eller ved romtemperatur med ekstra Pace Picante-saus.

36. <u>**Grillet asparges og tomater**</u>

Utbytte: 1 porsjon

## Ingredienser

- 12 gram asparges, trimmet
- 6 modne tomater, halvert
- 3 ss olivenolje
- Salt og pepper
- 1 fedd hvitløk, finhakket
- 1 ss sennep
- 3 ss balsamicoeddik
- ⅓ kopp olivenolje
- Salt og pepper

## Veibeskrivelse

a) Varm grillpanne over middels høy varme. Bland asparges med olivenolje og salt og pepper i en stor tallerken. Pensle tomater med resten av olivenolje i fatet.

b) Grill asparges og tomater hver for seg til de er møre, men ikke faller fra hverandre.

c) I en tallerken Bland hvitløk, sennep, balsamicoeddik og olivenolje med en visp eller stavmikser. Smak til med salt og pepper

d) Server grillede grønnsaker sprutet med vinaigrette.

37.     <u>Chilis grillet karibisk salat</u>

Utbytte: 2 porsjoner

## Ingredienser

- ¼ kopp dijonsennep
- ¼ kopp honning
- 1½ spiseskje sukker
- 1 ss sesamolje
- 1½ ss eplecidereddik
- 1½ ts limejuice
- 2 moderate tomater i terninger
- ½ kopp spansk løk, i terninger
- 2 ts Jalapeño pepper
- 2 ts Cilantro, finhakket
- klype salt
- 4 kyllingbrysthalvdeler; bein- og hudløs
- ½ kopp Teriyaki-lake
- 4 kopper isbergsalat, i terninger
- 4 kopper grønn bladsalat, i terninger

- 1 kopp rødkål, i terninger
- 1 boks ananasbiter i juice
- 10 tortillachips

**Veibeskrivelse**

a) Lag dressingen ved å blande alle ingrediensene i en liten form med en elektrisk mikser. Dekk til og avkjøl.

b) Lag Pico de Gallo ved å kombinere alle ingrediensene i en liten tallerken. Dekk til og avkjøl.

c) Mariner kyllingen i teriyakien i minst 2 timer. Legg kyllingen i posen og hell i saltlake, og bland den inn i kjøleskapet.

d) Klargjør grillen eller varm opp en komfyrtopp. Grill kyllingen i 4 til 5 minutter på hver side eller opp til den er ferdig.

e) Bland salat og kål, og del deretter grønnsakene i 2 store individuelle porsjoner salatretter.

f) Del pico de gallo og hell den i 2 jevne porsjoner over greenene.

g) Del ananasen og sprut den på salatene.

h) Del tortillachipsene i store biter og dryss halvparten på hver salat.

i) Del de grillede kyllingbrystene i tynne strimler, og fordel halvparten av strimlene på hver salat.

j) Hell dressingen i 2 små retter og server til salatene.

## 38. Ruccola og grillet grønnsakssalat

Utbytte: 8 porsjoner

**Ingredienser**

- 1½ kopp olivenolje
- ¼ kopp sitronsaft
- ¼ kopp balsamicoeddik
- ¼ kopp friske urter
- 4 dæsj tabascosaus
- Salt og pepper etter smak
- 2 røde paprika; halvert
- 3 plommetomater; halvert
- 2 moderat rødløk
- 1 liten aubergine; Segmentert 1/2" tykk
- 10 knappsopper
- 10 små røde poteter; kokt
- ⅓ kopp olivenolje
- Salt og pepper etter smak
- 3 bunter ruccola; vasket og tørket

- 1 pund mozzarella; tynt segmentert
- 1 kopp svart oliven; pitted

**Veibeskrivelse**

a) Bland olivenolje, sitronsaft, eddik, urter, tabascosaus og salt og pepper i en moderat rett; så visp godt sammen. Sette til side.

b) Legg paprika, tomater, løk, aubergine, sopp og poteter i et veldig stort fat. Tilsett olivenolje, salt og pepper; Bland deretter godt for å dekke grønnsakene med oljen. Grill grønnsakene over en moderat varm brann til de er godt brune, 4 til 6 minutter på hver side. Ta den ut av grillen og skjær den i passe biter så snart den er avkjølt nok til å håndtere.

c) Lag en seng av ruccolaen på et stort, grunt fat. Legg de grillede grønnsakene på toppen av ruccolaen, topp med mozzarella og oliven og server med dressingen ved siden av.

39. **Grillet lam og limabønnesalat**

Utbytte: 4 porsjoner

## Ingredienser

- 2 røde paprika
- ¾ kopp olivenolje
- ¼ kopp balsamicoeddik
- 1 ss hvitløk; hakket
- ¼ kopp basilikum; fine terninger
- Salt og pepper etter smak
- 1 kopp Lima bønner; skallet
- 1 pund lam; 1/2" kuber
- 1 haug ruccola; vasket og tørket
- 1 stor tomat; terninger

## Veibeskrivelse

a) Grill paprikaene over bål, rull dem rundt for å steke jevnt, til skinnet er veldig mørkt og blemmer. Ta ut fra grillen, legg i en brun papirpose, knyt posen og la paprikaen avkjøles i posen i 20 minutter. Ta ut av posen, skrell av skinnet og ta ut frø og stilker.

b) Plasser paprikaene i en foodprosessor eller mikser, og mens motoren fortsatt går, tilsett olivenolje i en jevn stråle. Tilsett balsamicoeddik, hvitløk og basilikum, og puls til Mix.

c) Smak til med salt og pepper og sett til side.

d) I en moderat kjele, kok opp 2 kopper saltet vann. Tilsett limabønnene og kok til de er møre, men ikke grøtaktige, 12 til 15 minutter. Hell av, dykk i kaldt vann for å stoppe kokingen, tøm igjen og legg i en stor tallerken.

e) I mellomtiden, krydre lammet med salt og pepper etter smak, spyd på spyd og grill over bål i 3 til 4 minutter på hver side.

f) Ta ut av varmen, og skyv av spydene.

g) Tilsett lam, ruccola og tomat i retten som inneholder limabønnene. Rør dressingen godt, tilsett akkurat nok til å fukte ingrediensene, bland godt, og server.

40. <u>Avokado og rissalat</u>

Utbytte: 4 porsjoner

## Ingredienser

- 1 kopp Wehani ris
- 3 modne plommetomater; frøet og kuttet i terninger
- $\frac{1}{4}$ kopp hakket rødløk
- 1 liten Jalapeño pepper; frøet og kuttet i terninger
- $\frac{1}{4}$ kopp finhakket koriander
- $\frac{1}{4}$ kopp ekstra virgin olivenolje
- 1 ss limejuice
- $\frac{1}{8}$ teskje selleri frø
- Salt og pepper; å smake
- 1 moden avokado
- Blandede babygrønt

## Veibeskrivelse

a) Kok Wehani-ris etter anvisningen på pakken

b) Fordel på et bakepapir til avkjøling.

c) Bland ris med tomater, rødløk, jalapeñopepper og koriander i en stor tallerken. Tilsett ekstra virgin olivenolje, limejuice og sellerifrø. Smak til med salt og pepper

d) For å servere, skrell og del avokadoen. Ordne segmenter over blandede babygrønt.

e) Skje Wehani rissalat over avokado. Pynt med grillede grønnsaker, om ønskelig.

41. <u>Brun ris og grillet grønnsak</u>

Utbytte: 6 porsjoner

Ingredienser

- 1½ kopp brun ris
- 4 hver Zucchini, halvert på langs
- 1 stor rødløk, kuttet på tvers i 3 tykke segmenter
- ¼ kopp olivenolje, pluss...
- ⅓ kopp olivenolje
- 5 ss soyasaus
- 3 ss Worcestershire saus
- 1½ kopp Mesquite flis bløtlagt i kaldt vann i 1 time
- 2 kopper friske maiskjerner
- ⅔ kopp fersk appelsinjuice
- 1 ss fersk sitronsaft
- ½ kopp italiensk persille i terninger

**Veibeskrivelse**

a) Kok ris i en stor gryte med kokende saltet vann til den er så vidt mør, ca 30 minutter

b) Tøm godt. La avkjøles til romtemperatur.

c) Bland ¼ kopp olje, 2 ss soyasaus og 2 ss Worcestershire saus; hell over squash- og løksegmenter i en grunne tallerken. La marinere i 30 minutter, roter grønnsakene én gang i løpet av denne tiden.

d) Klar grill (moderat høy varme). Når kull blir hvite, tøm mesquite-flis (hvis du bruker) og strø over kull. Når chips begynner å ryke, legg løk og zucchini på grillen, krydre med salt og pepper

e) Dekk til og kok til de er møre og brune (ca. 8 minutter), roter av og til og pensle med saltlake. Ta ut grønnsakene fra grillen.

f) Skjær løksegmenter i kvarte og zucchini i 1-tommers biter. Legg i en porsjonsform med avkjølt ris og mais.

g) Visp sammen appelsinjuice, sitronsaft, ⅓ kopp olje, 3 ss soyasaus og 1 ss Worcestershiresaus. Hell 1 kopp dressing over salaten og bland til Mix. Rør inn persille og smak til med salt og pepper.

h) Server salaten med ekstra dressing ved siden av.

## 42. <u>Eple mango salat med grillet kylling</u>

Utbytte: 4 porsjoner

**Ingredienser**

- 2 ss risvineddik
- 1 ss fersk gressløk; terninger
- 1 ts fersk ingefær; raspet
- ½ ts salt
- ¼ ts nykvernet pepper
- 1 ss solsikkeolje
- ½ ts salt
- ¼ ts nykvernet pepper
- ¼ teskje spisskummen
- 1 klype kvernet rød pepper
- 4 Benfri; kyllingbrysthalvdeler uten skinn
- Vegetabilsk matlagingsspray
- 8 kopper blandet salatgrønt
- 1 stor mango; skrellet og segmentert
- 2 Golden Delicious epler; skrellet, kjernet, tynt Segmentert

- ¼ kopp solsikkefrø

- Sesamflatbrød; (valgfri)

**Veibeskrivelse**

a) Lag ingefær-vinaigrette: Bland eddik, gressløk, ingefær, salt og pepper i en liten tallerken; pisk gradvis inn olje. Gir ¼ kopp.

b) Bland salt, pepper, spisskummen og rød pepper i en kopp. skvett over begge sider av kyllingen. Dekk en tung grillpanne eller støpejernssteke lett med grønnsaksspray

c) Varm opp 1 til 2 minutter over moderat høy varme

d) Stek kyllingen 5 til 6 minutter på hver side, til den er gjennomstekt.

e) Bland greener, mango og eplesegmenter med 3 ss dressing. Anrett salat på 4 individuelle middagstallerkener.

f) Segmenter kyllingen og del jevnt over greenene; dryss den resterende 1 ss dressing over kyllingen. skvett 1 ss solsikkekjerner over hver salat.

g) Server med sesamflatbrød, om ønskelig.

43. <u>**Grillet kylling og kikertsalat**</u>

Utbytte: 4 porsjoner

**Ingredienser**

- 2 ss finhakket hvitløk
- 2 ss fersk ingefær; skrelt og revet
- 1 ts malt spisskummen
- ½ ts salt
- ¼ ts kvernet rød pepper
- 4 Skinnede og utbenede kyllingbrysthalvdeler
- 2 bokser (15 unse) kikerter; skyllet og drenert
- ½ kopp vanlig yoghurt
- ½ kopp rømme
- 1 ss karripulver
- 1 ss sitronsaft
- ½ ts salt
- 1 rød paprika; terninger
- ¼ kopp lilla løk; terninger
- 2 Jalapeño paprika; frø og hakket

- 2 ss fersk koriander; terninger
- 2 ss fersk mynte; terninger
- 3 kopper fersk spinat; revet
- 3 kopper rødtippet bibbsalat; revet
- 2 ss sitronsaft
- 1 ss varm karriolje

**Veibeskrivelse**

a) Bland de første 5 ingrediensene; skvett på alle sider av kyllingbrystene.

b) Dekk til og avkjøl i 1 time

c) Rør sammen kikerter og de neste 10 ingrediensene; dekk til og avkjøl. Grillet kylling, dekket med grilllokk, over moderat høy varme (350° til 400°) i 5 minutter på hver side. Skjær i $\frac{1}{2}$ tomme tykke segmenter. Holde varm. Bland spinat og salat i en stor form.

d) Visp sammen sitronsaft og karriolje; sprut over grønt, og bland forsiktig. Ordne jevnt på 4 porsjonstallerkener; topp jevnt med kikertsalat og et segmentert kyllingbryst. Utbytte: 4 porsjoner.

## 44. Grillet kylling og grønnsaker

Utbytte: 1 porsjon

**Ingredienser**

- 2 kyllingbryst
- 4 Gul squash
- 1 rød paprika
- 1 grønn paprika
- ½ kopp hele sorte oliven
- ½ kopp olivenolje
- 2 ts tørket timian
- ½ kopp tørr vermut
- 4 fedd hvitløk
- 1 sitron; juice av
- Salt og sort pepper

**Veibeskrivelse**

a) Varm opp grillen eller grillen.

b) Rør sammen olivenolje, timian, vermut, hvitløk og sitronsaft i en røreform. Tilsett kyllingbryst, gul squash, rød og grønn paprika og svarte oliven til retten. Bland ingrediensene sammen.

c) Hell blandingen fra formen over i en stekepanne av metall. Smak til med salt og sort pepper

d) Legg på toppen av en varm grill eller under en griller for å lage mat. Rør ingrediensene ofte. Kok opp til kyllingen er ferdig og grønnsakene er møre.

## 45. Curried kokos grillet kylling

Utbytte: 4 porsjoner

## Ingredienser

- 8 gram yoghurt
- ¼ kopp hakket fersk mynte -eller-
- 1 ss tørket mynte i terninger
- ⅓ kopp Finhakket rødløk
- 2 ts finhakket hvitløk
- 1 ts sitronsaft
- 2 ts karripulver
- 4 Kip-fileter

## Veibeskrivelse

a) Varm opp grillen.

b) Bland alle ingrediensene unntatt kylling i en liten tallerken; Bland godt. Legg kyllingen i en grunne glassform. Hell ½ kopp yoghurtblanding over kyllingen; snu for å belegge begge sider.

c) Dekk til og mariner i kjøleskapet i 3 timer eller over natten. Dekk til og avkjøl resten av yoghurtblandingen separat.

d) Grill kylling 3-4 tommer fra varmekilden, 5-6 minutter per side. Varm opp reservert yoghurtsaus over lav varme til den er varm; ikke koke

46. **Grill kylling med Havana saus**

Utbytte: 8 porsjoner

## Ingredienser

- 28 gram plommetomater; drenert og
- ⅓ kopp olivenolje
- ¼ kopp hvitvin
- 1 ss hvit eddik
- 3 grønne løk; terninger
- 4 kopper hvitløk; hakket
- ½ ts salt
- ½ ts pepper
- 2 ts Cilantro; hakket
- 8 kylling; bryster, hud re
- Malt pepper

## Veibeskrivelse

a) Bland alle ingrediensene til sausen. Bland godt, dekk til og avkjøl over natten. Varm opp en utvendig grill og la sausen› få romtemperatur.

b) dryss kyllingen med limesaft og salt og pepper, som du vil.

c) Sett på grillen og stek i ca 6 minutter på hver side eller til de er brune.

d) Pensle sausen på kyllingen under hele grillingen.

47. **<u>Grillet brasme med fennikel</u>**

Utbytte: 1 porsjon

### Ingredienser

- 4 fileter brasme
- Olivenolje til børsting
- 10 sjalottløk; skrelt, Segmentert
- 4 gulrøtter; fint segmentert
- 1 hel fennikel; kjernet, halvert
- 2 klyper safran
- Søt hvitvin
- 1-liters fiskekraft
- 1-liters dobbel krem
- En appelsin; juice av
- 1 haug koriander; fine terninger

### Veibeskrivelse

a) Stek ned gulrøtter, sjalottløk, fennikel og safran i olivenolje uten å farge i 3-4 minutter. Dekk grønnsakene til tre fjerdedeler med vinen og reduser dem helt.

b) Tilsett fiskekraften og reduser den med en tredjedel. Sjekk gulrøttene mens du reduserer, og hvis bare kokt, sil brennevinet fra grønnsakene og ha brennevinet tilbake i pannen for å redusere ytterligere. Sett grønnsakene til side.

c) Tilsett fløten til den reduserende brennevinen og reduser for å tykne litt. Pensle brasmefiletene med olivenolje og rist med skinnsiden ned.

d) Tilsett appelsinjuicen i den reduserte buljongen og ha grønnsakene tilbake i pannen. Krydre og server med fisken.

48.     Epleglaserte sjømatspyd

Utbytte: 6 porsjoner

## Ingredienser

- 1 boks eplejuicekonsentrat
- 1 ss HVER smør og dijonsennep
- 1 stor søt rød paprika
- 6 segmenter Bacon
- 12 Sjøskjell
- 1 pund avskallede reker (ca. 36)
- 2 ss i terninger fersk persille

## Veibeskrivelse

a) I en dyp, tung kjele, kok eplejuicekonsentrat over høy varme i 7 10 minutter eller opp til det er redusert til omtrent $\frac{3}{4}$ kopp. Ta av varmen, visp inn smør og sennep til det er glatt. Sette til side. Skjær paprikaen i to Ta ut frø og stilk, og del paprikaen i 24 biter. Skjær baconsegmenter i to på tvers, og pakk hver kamskjell inn i et stykke bacon.

b) spyd pepper, kamskjell og reker vekselvis på 6 spyd. Legg spyd på den oljede grillen. Grill over middels høy varme i 2-3 minutter, dryss med eplejuiceglasur og roter ofte, til kamskjellene er ugjennomsiktige, rekene er rosa og pepperen er møre. Server sprutet med persille.

49. <u>Grillspyd av fisk</u>

Utbytte: 4 porsjoner

## Ingredienser

- 1 pund fast hvit fisk
- 1 ts salt
- 6 fedd hvitløk
- 1½ tomme fersk rot ingefær
- 1 ss Garam masala
- 1 ss malt koriander
- 1 ts Cayennepepper
- 4 gram vanlig yoghurt
- 1 ss vegetabilsk olje
- 1 sitron
- 2 varme grønne chilipepper

## Veibeskrivelse

a) Filet og skinn fisk deretter kuttet i 11/2-tommers terninger. Legg ca 5 stykker på hvert spyd og dryss med salt.

b) Lag en pasta av hvitløk, ingefær, krydder og yoghurt og bruk den til å dekke fisken. La stå i noen timer, og grill deretter.

c) Spiddene kan sprutes med litt olje under tilberedningen om nødvendig. Pynt med sitronen skåret i skiver og fine ringer av grønn chilipepper.

## 50. Alaska BBQ laks

Utbytte: 1 porsjon

**Ingredienser**

- 1 hel kledd laks
- Salt og pepper
- 2 ss Myknet smør
- ½ Segmentert med løk
- ½ segmentert sitron
- Flere kvister persille
- Maisolje

**Veibeskrivelse**

a) Vask fisken og tørk. dryss med salt og pepper og prikk med smør.

b) Ordne overlappende segmenter av løk, sitron og persille i fiskens hulrom; pensle fisken med olje. Pakk inn kraftig aluminiumsfolie, tette kanter med dobbel overlapping . Legg på grillen over med varme kull; kok, sakte roterende laks hvert 10. minutt.

c) Test om de er ferdige etter 45 minutter ved å sette inn et kjøtttermometer i den tykkeste delen. Kok til en innvendig temperatur på 160.

d) For å servere, flytt fisken til oppvarmet tallerken; overlappende baksidefolie. Skjær mellom bein og kjøtt med en bred slikkepott; løft av hver porsjon . Server med Zesty saus.

51. **BBQ bekkerøye**

Utbytte: 1 porsjon

## Ingredienser

- ¼ kopp gul sennep
- ¼ kopp chilisaus
- 2 ss brunt sukker
- 1 ts salt
- 1 Finhakket løk
- 1 ts Worcestershire saus
- 4 Rensket ørret

## Veibeskrivelse

a) Bland sennep, chilisaus, brunt sukker, salt, løk og Worcestershire i en liten kjele; småkoke i 10 minutter.

b) Legg fisken i en godt smurt hengslet stålgrill; pensle med saus.

c) Grill 8 minutter på hver side, tråkle av og til.

## 52. Kullgrillet ørret

Utbytte: 4 porsjoner

## Ingredienser

- 4 (10-oz) ørret
- ½ kopp majones
- 1 stor tomat; Segmentert
- 4 sitroner; Segmentert
- 2 løk; Segmentert

## Veibeskrivelse

a) Grill lett og la kull brenne ned. Rens ørret og la hodet stå på. Fordel majones på innsiden av ørreten. Plasser segmenterte tomater i ørreten

b) Åpne fiskegrillen og plasser halvsegmenterte løk og sitroner, ørret og resten av løk og sitroner. Lukk fiskegrillen.

c) Legg enten på et rotisserie i 15 minutter eller stek i 6 til 7 minutter på den ene siden og snu i 5 til 6 minutter

d) Server med dillsaus eller annen favorittsaus. I mangel av en fiskegrill, kan sitronene og løkene plasseres direkte på kullgrillen

## 54. Sprø grillet steinbit

Utbytte: 1 porsjon

**Ingredienser**

- 4 Hel steinbit
- $\frac{1}{2}$ kopp smør; smeltet
- $\frac{3}{4}$ kopp Finknust kjekssmuler
- 1 ts Krydret salt
- $\frac{1}{2}$ ts sellerisalt
- $\frac{1}{2}$ ts hvitløkssalt

**Veibeskrivelse**

a) Bland kjekssmulene og krydder i en grunne form.

b) Dypp hver fisk i smeltet smør, og rull deretter i krydret smuler.

c) Plasser fisken på en oljet rist fire tommer over varme kull. Stek 8 til 10 minutter per side, roter forsiktig én gang.

## 55. Kulegrillet blekksprut med skadedyr o

Utbytte: 1 porsjon

## Ingredienser

- 2 pund blekksprut, renset
- 1 fedd hvitløk, knust
- 2 ss brunt sukker
- ½ kopp rødvin
- 1 ss sitrontimianblader

**Pesto majones:**

- ½ kopp hel eggemajones
- ¼ kopp ferdiglaget pesto

## Veibeskrivelse

a) Legg blekksprut, hvitløk, sukker, vin og timian i en tallerken og mariner i 1-2 timer. Stek på en varm grillplate, bland jevnlig til blekkspruten er kokt og mør.

b) For å lage Pesto Majones- Bland majones og pesto. Server med blekksprut som dip eller skje over som saus.

c) Ha blekksprut i en blanding av olivenolje, fersk sitronsaft, knust hvitløk og fersk persille. Etter rengjøring av blekkspruten, børst med saltlake og BBQ i 10 minutter.

d) Blekkspruten vil krølle seg og deretter få en rødrød farge som ser veldig attraktiv ut i en hvitløkssalat. Hvis blekkspruten er tøff, mør den før tilberedning ved å dampe i ca 4-5 minutter

## 56. Ansjosgrillede laksesteker

Utbytte: 4 porsjoner

**Ingredienser**

- 4 laksesteker
- Persillekvister
- Sitronskiver

**Ansjossmør**

- 6 Ansjosfileter
- 2 ss melk
- 6 ss smør
- 1 dråpe tabascosaus
- Pepper

**Veibeskrivelse**

a) Forvarm grillen til høy varme. Smør grillstativet med olje og plasser hver biff for å sikre jevn varme. Legg en liten knott Ansjossmør (del en fjerdedel av blandingen i fire) på hver biff. Grill i 4 minutter.

b) Snu biffene med et fiskesegment og legg ytterligere en fjerdedel av smøret blant biffene. Grill på den andre siden i 4 minutter.

c) Reduser varmen og la steke i ytterligere 3 minutter, mindre hvis biffene er tynne.

d) Server med en pent ordnet klatt ansjossmør på toppen av hver biff.

e) Pynt med persillekvister og sitronbåter.

f) Ansjossmør: Bløtlegg alle ansjosfiletene i melk. Mos i en form med en tresleiv til den er kremaktig. Rør alle ingrediensene sammen og avkjøl.

## 57. Australsk grillet fisk

Utbytte: 4 porsjoner

## Ingredienser

- 4 fiskesteker
- ¼ kopp limejuice
- 2 ss vegetabilsk olje
- 1 ts dijonsennep
- 2 ts Frisk ingefærrot, revet
- ¼ ts Cayennepepper
- Svart pepper

## Veibeskrivelse

a) Bland limejuicen, 1 ss olje, ingefær, cayennepepper og nok nykvernet sort pepper i en tallerken for å passe din smak.

b) Mariner fisken i saltlaken i 45-60 minutter. Snu biffene 2-3 ganger.

c) Ha grillen klar med hvite kull og pensle grillen med den resterende ss olje.

d) Grill fisken, pensle flere ganger med saltlaken, til den er gjennomstekt og ugjennomsiktig i midten. Snu fisken etter ca 4-5 minutter.

e) Total grilltid vil avhenge av grillen din og varmen på kullene.

## 58. Bøtte med grillet langust

Utbytte: 1 porsjon

**Ingredienser**

- 15 pund kreps
- 4 ører mais
- 15 røde bliss poteter; delt i to
- 4 sitroner; delt i to
- 10 pund tang; dyppet i havvann

**Veibeskrivelse**

a) Bygg et branndekke med sandsteinsbergarter. Dekk med tang.

b) Dekk med kyllingtråd. Dekk med langust og poteter.

c) Dekk med mais og sitronhalvdeler. Dekk til med mer tang. Hvis tang tørker ut under koking, hell havvann på toppen.

## 59. Bayou grillet tunfisk

Utbytte: 1 porsjon

Ingredienser

- ¾ kopp Golden Cajun stil sjømat
- 1½ pund tunfiskbiff

Veibeskrivelse

a) Hell Cajun Style Seafood Brine jevnt over fisken, la hvile i 20 til 30 minutter, roter flere ganger.

b) Stek på åpen grill over moderat varme kull. Tråkle og snu en gang. Fisken er ferdig når kjøttet er ugjennomsiktig.

c) Server med blandet salat, grønne bønner og franskbrød

# 60. Grillet soft-shell krabber

Utbytte: 1 porsjon

**Ingredienser**

- Soft-shell krabber; tint i frossen
- Basting saus

**Veibeskrivelse**

a) Krabber bør rikelig og ofte bastes med saus mens de grilles over lav varme ca 12 tommer fra kull. Grill ca 4 til 5 minutter per side.

b) Grillsaus: Tilsett olje til en favoritt barbecuesaus (1 del saus til 2 deler olje)

c) Hvitvinslake: Bland $\frac{1}{2}$ kopp vegetabilsk olje, 1 ts frisk basilikum i terninger og 1 ts sitronpepper. Tilsett sakte $\frac{3}{4}$ kopp tørr hvitvin og bland med en visp for å blande. La hvile i romtemperatur i 30 minutter, eller opptil flere timer i kjøleskapet, for at smakene skal blandes.

## 61. Sitrusgrillet jumbo kamskjell

Utbytte: 4 porsjoner

**Ingredienser**

- Smeltet smør, etter behov
- Frisk persille, i terninger
- 12 Jumbo kamskjell, halvert
- 1 kopp vann
- ¼ sitron, juice
- 1 kopp Chardonnay
- 1 ss smør
- 2 ts honning
- klype salt
- ½ fedd hvitløk, i terninger
- Maisstivelse, oppløst i vann

**Veibeskrivelse**

a) Bland vann, vin, juice, smør, honning med paprika og hvitløk i en liten kjele.

b) Plasser over moderat varme; reduser til nesten halvparten, rør ofte. Tilsett maisstivelsesløsning til tykk etter smak.

c) Ta ut av varmen; holde varm.

d) Grill kamskjell over glødende kull, pensle ofte med smeltet smør. Kok etter smak. Ta ut kamskjell fra grillen.

e) Legg 6 kamskjellhalvdeler på hver tallerken. Hell sitrussaus over kamskjell og pynt med persille.

## 62. Cajun grillet sverdfisk

Utbytte: 1 porsjon

## Ingredienser

- 4 8-oz sverdfiskbiff; tint
- 1 ss løkpulver
- ¾ teskje svart pepper
- ¼ ts hvit pepper
- 1 ss salt
- 1 ss timian
- ½ ts Annatto-pulver; (for farge)
- 2 ts ungarsk paprika
- ¼ teskje salvie
- ¼ teskje rosmarin
- 1 ts Ancho pasilla cayenne chile; pulverisert

## Veibeskrivelse

a) Legg ingrediensene i mørtel og mal. En krydderkvern gjør rubben for fin

b) Tin sverdfiskbiffene og dryss rikelig med Cajun-krydder på begge sider. Legg biffene på en liten grill over en bakebolle i glass slik at væsken som kommer ut av fisken ikke vasker bort krydderet.

c) Mariner i 1-2 timer ved romtemperatur.

d) Grill biffene over glødende kull med noen mesquite-chips for smaks skyld. IKKE OVERKOKE. Ta ut biffene når kjøttet i midten av biffen akkurat har blitt hvitt, ca 140F

## 63. Sitrusgrillet snapper med lime ris

Utbytte: 1 porsjon

## Ingredienser

- 1½ pund Red Snapper
- 1 kopp appelsinjuice
- 1 kopp grapefruktjuice
- ¼ kopp limejuice
- 2 ss Hakket fersk koriander
- ¼ ts Cayennepepper
- 2 ss soyasaus
- 1 ss hakket hvitløk
- 1½ kopp vann
- 1 kopp langkornet ris
- 1 ss ekstra virgin olivenolje
- 2½ ss fersk lime- eller sitronsaft
- 3 ts revet skall; (til pynt)
- 1 ts kvernet hvit pepper
- ¼ kopp hakket grønn løk eller løk; (til pynt)

## Veibeskrivelse

a) Varm opp grillen til 375 grader.

b) Bland sitrusjuicen, koriander, cayennepepper, hvitløk i terninger og soyasaus i en grunne ildfast form. Tilsett fisken og avkjøl i 4 timer, roter fisken etter 2 timer.

c) Ta ut fisken fra saltlaken og pakk inn i aluminiumsfolie. Plasser den innpakkede pakken på en plate og stek i 15 til 20 minutter eller opp til kjøttet lett flaker seg. Pakk ut fisken og server på et stort fat.

d) **Limeris:** Bland ingrediensene og kok i 30 minutter eller opp til vannet har fordampet. Smak til med pepper og pynt med skall og løk

## 64. Grillkrydret reker

Utbytte: 4 porsjoner

## Ingredienser

- 24 store reker; skrellet og deveined
- 1 kopp paprika
- 1 spiseskje hver: kajennepepper; hvitløkspulver, sort pepper og salt
- 2 ts tørket oregano
- 1 ss tørket timian
- ½ ss tørket dill
- 2 kopper Piskefløte
- ½ ts safranspyd s
- ½ kopp friske maiskjerner
- 2 ss lønnesirup
- 2 sitroner; juice av
- Salt etter smak

## Veibeskrivelse

a) Grillkrydder: Bland paprika, cayenne, hvitløkspulver, pepper, salt, oregano, timian og dill; Bland godt. Oppbevares i lufttett beholder. Gir ca 11/2 kopper

b) Reker: Bløtlegg 4 bambusspyd i vann 2 timer; legg 6 reker på hvert spyd og dryss rikelig med Barbecue Spice.

c) Plasser reker på grillen, og pass på at halene er borte fra den varmeste delen av brannen. Grill ca 3 til 4 minutter per side eller opp til den er ferdig. Ikke overkok. Server med safran og maiskrem. Server 1 grillspyd per person.

d) Safran og maiskrem: Varm fløte i kjele med safran og mais til safran begynner å gi farge. Tilsett sirup. Visp inn sitronsaft og salt.

## 65. Grillet fisk med Dijon-glasur

Utbytte: 4 porsjoner

**Ingredienser**

- 4 fiskefileter eller biffer; 7 unse
- ¼ kopp Dijon-glasur med sitronurt
- ½ kopp tørr hvitvin
- Frisk urt; til pynt

**Veibeskrivelse**

a) Varm opp til 500 grader.

b) Varm pannen på høy varme, til den er veldig varm.

c) Mens den varmes opp, børst glasur over alle overflater på fisken, spesielt alt kjøtt.

d) Grilling: Plasser fisken på grillen og stek, roter kun én gang (i 5 minutter per tomme). Ta fisken ut av grillen eller av grillen, og flytt den umiddelbart til en oppvarmet porsjonsform eller varme individuelle tallerkener. Tilsett vin i pannen og kok på moderat høy, visp hele tiden til sausen er halvert. Til grilling, kok vin og 1 ss Dijon-glasur i en liten panne. Hell over fisken, pynt med frisk urt, og server umiddelbart.

## 66. Grillet amberjack

Utbytte: 4 porsjoner

**Ingredienser**

- 2 pund Amberjack-fileter
- 2 kopper melk
- $\frac{1}{2}$ ts timian
- $\frac{1}{2}$ ts basilikum
- 1 ts svart uer
- Krydder
- Svart sesamolje
- Malt eddik

**Veibeskrivelse**

a) Legg melk i en glassform... tilsett krydder, skyll filetene i vann.

b) Mariner/bløtlegg filetene over natten med nok melkeblanding til å dekke.

c) Ta ut filetene fra melken, tørk på tørkepapir, kast melkeblandingen. Pensle fiskefileter med sesamolje for å unngå å feste seg til grillen, og stek over kull (eller gass) til kjøttet begynner å flake...

d) Tørk med sesamolje hver gang kjøttet snus for å gi smak og unngå å sette seg fast. Mens fisken koker, skvett på malteddik. Kok fisken, roter og tøs med olje og eddik.

e) Snu ca to ganger på hver side. å holde fuktig. Som med de fleste fisk, når den flaker seg lett, er den klar for tallerkenen

## 67. Grillet mynteblekksprut

Utbytte: 1 porsjon

Ingredienser

- 1 blekksprut 3 til 5 pund med sekk, øyne og rød hud Ta ut
- ½ kopp virgin olivenolje
- 1 sitron, saft og skall
- 1 ss knuste røde pepperflak
- 1 haug med fersk oregano; grovt kuttet
- 1 ss nykvernet sort pepper
- 2 hoder escarole
- ½ kopp friske mynteblader
- 4 stk.

Veibeskrivelse

a) Varm opp grillen eller grillen.

b) Legg blekksprut i kaldt vann med kork og kok opp. Senk varmen til lav koke og kok i 35 til 40 minutter til de er møre

c) Ta ut , skyll og kutt i en røreform, rør sammen olivenolje, sitronskall og saft, rød pepper, oregano og sort pepper. Mariner blekksprutbitene i 10 minutter og legg på en grill. Stek til de er sprø og litt svidd, ca 5 minutter på hver side.

d) Når blekkspruten går på grillen, rengjør du escarole for spinkle ytre blader

e) Skjær i to på langs og skyll godt for å ta ut grus. Legg med kuttsiden ned på grillen og stek til den er lett stivnet, ca 3 til 4 minutter på den ene siden. Snu og stek i 2 minutter til og ta ut .

f) Ta ut blekksprut og legg i saltlake, kutt i passe biter med saks og hell over escarole, dryss med fersk mynte og server.

## 68. Grillet blåfisk i basilikumblader

Utbytte: 4 porsjoner

**Ingredienser**

- 10 modne mammutbasilikumblader (ferske)
- 1½ pund blåfisk
- 4 ss Pesto

**Veibeskrivelse**

a) Varm opp utendørs grill

b) Bløtlegg Mammoth basilikumbladene i vann. Segmenter blåfisken i strimler 2 tommer brede, og gjør 8 segmenter.

c) Fordel pesto på hvert segment av fisken. Pakk hvert segment inn i et mammutbasilikumblad, fest med en tannpirker eller trespyd.

d) Plasser den innpakket fisken på den varme grillen over glødende kull, 6 tommer fra varmen. Dekk til grillen og stek i 5 minutter på hver side.

# 69. Spansk biff kebab

Porsjoner : 4 porsjoner

**Ingrediens**

- ½ kopp appelsinjuice
- ¼ kopp Tomat juice
- 2 teskjeer Oliven olje
- 1½ teskje Sitronsaft
- 1 teskje Eller e gano, tørket
- ½ teskje Paprika
- ½ teskje Spisskummen, malt
- ¼ teskje Salt
- ¼ teskje Pepper, svart
- 10 gram Benfritt magert biff; kuttet i 2" terninger
- 1 medium Rødløk; kuttes i 8 kiler
- 8 hver cherrytomater

**Veibeskrivelse :**

a) For å lage marinaden, kombiner appelsin- og tomatjuice, olje, sitronsaft, oregano, paprika, spisskummen, salt og pepper i en forseglbar plastpose på en gallonstørrelse.

b) Tilsett kjøttterningene; forsegle posen, press ut luften; spinn for å belegge biffen.

c) Avkjøl i minst 2 timer eller over natten, sleng posen rundt av og til. Bruk ikke-klebende matlagingsspray og belegg grillristen.

d) Plasser grillstativet 5 tommer unna kullene. Følg produsentens anvisninger for grilling.

e) Tøm biffen og sett marinaden til side.

f) Bruk 4 metall- eller bløtlagte bambusspyd til å tre like mengder biff, løk og tomater.

g) Grill kebaben i 15-20 minutter, eller til den er ferdig etter din smak, roter og pensle med reservert marinade ofte.

## 70. Corned beef grillmat

Utbytte: 6 porsjoner

Ingredienser

- 3 pund Corned beef brisket
- 6 moderate s Bakepoteter
- 1 hver konvolutt med tørr løksuppeblanding
- ½ kopp smør, myknet
- ½ kopp sukker
- ¼ kopp eddik
- 5 ss Ferdig sennep
- 1 kopp rømme
- ¼ kopp melk

Veibeskrivelse

a) Forvarm begge sider av gassgrillen på HØY i 10 minutter. Skru brennerne til moderat . Skyll corned beef; legg i folie bakepanne på matlaging rister. Lukk panseret og stek i 1½ time.

b) Skrubb poteter, men ikke skrell; skjær hver potet i 3 eller 4 langsgående segmenter. Sett til side 3 ss suppeblanding.; Bland sammen resten av blandingen og smør. Fordel blandingen på potetsegmenter og sett sammen igjen; pakk hver potet i tung folie; legg på grill med corned beef. Dekk til panseret og grill 45 til 60 minutter lenger, roter potetene én gang.

c) Bland sukker, eddik, 3 ss sennep og en klatt salt i en kjele. Kok opp; rør til sukkeret er oppløst. Pensle over corned beef de siste minuttene av grilling. Bland rømme, melk, reservert suppeblanding og resterende sennep. Varm opp, rør av og til, men ikke kok.

d) Segmenter kjøtt på tvers av korn; server med poteter og rømmesaus.

## 71. Kantonesisk grillet lammelår

Utbytte: 8 porsjoner

**Ingredienser**

- 3 pund lammelår, trimmet av alle
- ½ kopp Hoisinsaus
- 2 ss dijonsennep
- 2 ss ketchup
- 2 ss honning
- 1 ss soyasaus
- 1 ts kinesisk chilipasta
- 1 ts svart pepper; nymalt
- 2 hvitløk
- 1 ss ingefærrot; hakket

**Veibeskrivelse**

a) Bland de resterende ingrediensene og smør over lammet.

b) Varm opp grillen og grill lam i 10 til 15 minutter per side, avhengig av

c) La kjøttet hvile i 5 til 10 minutter før skjæring. Skjær i tynt segment

# 72. Biff teriyaki

Utbytte: 6 porsjoner

**Ingredienser**

- 1½ pund indrefilet av okse
- ½ kopp soyasaus
- ¼ kopp tørr sherry
- 2 ss sukker
- 2 ts tørr sennep
- 4 hver hvitløksfedd, finhakket

**Veibeskrivelse**

a) Frys delvis ned biff. Del tynt på tvers av kornet i små strimler. Bland soyasaus, vin, sukker og sennep og hvitløk; tilsett biff og la hvile i 15 minutter ved romtemperatur.

b) Spidkjøtt, trekkspillstil, på små spyd. Forvarm begge sider av gassgrillen på HØY i 10 minutter.

c) Plasser spyd på rist; Lukk panseret og stek i 5 til 7 minutter eller opp til kjøttet er ferdig, roter og tråkle ofte med saltlake.

## 73. 30 min lammegrill for to

Utbytte: 2 porsjoner

**Ingredienser**

- 1 ss lavnatrium soyasaus
- 2 ts sesamolje
- 1 grønn løk, i terninger
- 1 fedd hvitløk, finhakket
- 2 ts ingefærrot, finhakket
- ¼ teskje pepper
- 4 lammekoteletter
- Salt

**Veibeskrivelse**

a) I en grunn form, visp sammen soyasaus, olje, løk, hvitløk, ingefær og pepper. Legg lam, roterende til pels; la hvile i 10 minutter.

b) Re -porsjon saltlake, legg lam på smurt grill over moderat - høy varme; dekk til og stek med saltlake i 5-7 minutter på hver side for moderat -sjelden eller opp til ønsket ferdighet. Smak til med salt etter smak.

c) Server med stekte squashsegmenter og søtpoteter.

## 74. Grillet gatorhale i Cajun-stil

Utbytte: 16 porsjon

**Ingredienser**

- 4 til 6 pund. Gator Tail sitronskiver

**Krydderblanding:**

- 12 ss paprika
- 6 ss hvitløkspulver
- 3 ss salt
- 3 ss hvit pepper
- 3 ss oregano, knust
- 3 ss sort pepper
- $2\frac{1}{2}$ spiseskje timian
- 1 ss Cayennepepper

**Veibeskrivelse**

a) For å lage krydderblanding, Bland paprika, hvitløkspulver, salt, hvit pepper, oregano, sort pepper, timian og kajennepepper i en krukke med tettsittende lokk. Rist godt for å blande.

b) Blandingen kan lagres i opptil 3 måneder. Når du er klar til å tilberede, skjærer du gatorhalekjøttet i $\frac{1}{2}$" terninger. Rull hver terning i 1 spiseskje av blandingen.

c) Stek over høy varme på en utendørs grill eller under grillen i 4 til 6 minutter, eller inntil kjøttet er hvitt og fast å ta på.

d) Serveres lun med sitronbåter.

## 75. Grillet sommerfuglet lammelår

Utbytte: 6 porsjoner

Ingredienser

- 4 pund lammelår, sommerfuglet
- 2 ts salt
- 2 fedd hvitløk, i terninger
- 1 kopp olivenolje
- 2 sitroner, juice
- ⅓ kopp tomatpuré
- 2 ts rosmarin
- ½ ts sort pepper, grovmalt
- ½ ts merian
- ½ ts oregano
- ½ ts Velsmakende

Veibeskrivelse

a) Bland alle ingrediensene i en glass-, emalje-, rustfri- eller plastbeholder og bland med en visp eller gaffel til den er blandet. Det tar noen minutter.

b) Tilsett lammet, roter det for å sikre at det er belagt på alle sider.

c) Mariner to timer ved romtemperatur, eller over natten i kjøleskapet. Sjekk av og til for å forsikre deg om at den fortsatt er belagt med saltlake, og dekk til igjen etter behov.

d) Grill ute, eller grill innvendig ved omtrent 8 tommer fra flammen i 15 minutter på hver side, og børst av og til med saltlaken. Server Segmentert tynn (varm) med resten av saltlaken, oppvarmet.

## 76. Grillet chili-gnidde lammekoteletter

Utbytte: 6 porsjoner

**Ingredienser**

- 3 ss chilipulver
- 1 ss Malt spisskummen
- 2 ts tørket timian; smuldret opp
- 2 ts sukker
- 1½ ts salt
- ¾ teskje Malt allehånde
- 1 ts nykvernet sort pepper
- 16 ribbe lammekoteletter hver ca 1 1/2 tommer
- 2 C. varm pepper gelé

**Veibeskrivelse**

a) I en liten tallerken rører du sammen chilipulver, spisskummen, timian, sukker, salt, allehånde og sort pepper.

b) sprut krydderblandingen over kotelettene, gni den jevnt over hele kjøttet, og avkjøl kotelettene, tildekket, i minst 4 timer eller over natten.

c) På den oljede risten på grillen eller på en grillpanne i grillen, grill eller grill kotelettene 4 tommer fra varmen i 5 til 7 minutter på hver side for moderat -sjeldent kjøtt. Server kotelettene med peppergeléen.

## 77. Grillet lam scotta dita

Utbytte: 4 porsjoner

**Ingredienser**

- 3 ss dijonsennep
- 2 ts hvitløk, finhakket
- 2 ss balsamicoeddik
- $\frac{1}{2}$ ts kosher salt
- $\frac{1}{8}$ teskje svart pepper, nykvernet
- $\frac{1}{2}$ kopp olivenolje, ekstra jomfru
- $\frac{1}{4}$ kopp basilikum, finhakket
- 12 ribben lammekoteletter, 1 1/2" tykk trim av overflødig fett

**Veibeskrivelse**

a) Varm opp en grill, grillpanne eller grill.

b) Bland dijonsennep, hvitløk, eddik, salt og pepper i en ikke-reaktiv rett med 2 ts vann. Visp sakte inn olivenoljen for å danne en kremet saltlake. Rør inn kuttet basilikum.

c) Tilsett kotelettene i saltlaken og bland for å dekke jevnt. Mariner kotelettene i 1 til 3 timer, tildekket og avkjølt.

d) Rist overflødig saltlake fra kotelettene og grill 4 til 5 minutter per side for moderat - sjeldne, eller litt lenger for mer gjennomstekt. Flytt til et varmt fat og server.

## 78. Bringebærgrillede lammekoteletter

Utbytte: 4 porsjoner

### Ingredienser

- 2 ss bringebæreddik
- 1 ss dijonsennep
- 1 ss soyasaus
- 2 ts Finhakket fersk rosmarin el
- 1/2 ts tørket
- 1 ts olivenolje
- 1 fedd hvitløk, finhakket
- 8 lammekoteletter
- 8 timer, roterer av og til.

### Veibeskrivelse

a) I en stor grunne tallerken, visp sammen eddik, sennep, soyasaus, rosmarin, olje og hvitløk; legg lammekoteletter i ett lag , roter for å dekke godt.

b) Dekk til og mariner i kjøleskap i minst 2 timer eller opp til Kast saltlake, legg koteletter på smurt grill over moderat - høy varme; stek i ca. 5 minutter på hver side for moderat - sjelden eller til ønsket ferdighet.

## 79.BBQ biff brisket

Utbytte: 1 porsjon

**Ingredienser**

- 3 pounds oksebryst; (opptil 4)
- 2 ss flytende røyk
- 1 ts hvitløkssalt 1 ts løksalt
- 2 ts Worcestershire
- 2 ts Sellerifrø
- 1 kopp grillsaus
- 2 ts kvernet pepper

**Veibeskrivelse**

a) Tilberedning: Dekk begge sider av brystet med Liquid Smoke, hvitløk, løk, sellerifrø og Worcestershiresaus. Pakk inn i folie og legg i crock pot.

b) Kok på lavt i 8-10 timer. Ta ut og del på tvers av kornet. Tilbake i kjelen, tilsett grillsaus og kok i 1 time.

## 80. Beef jerky BBQ

Utbytte: 1 porsjon

## Ingredienser

- 1 pounds biff loin tip; papir tynt
- 1 pund oksebryst; papir tynt
- 1 pund indrefilet; 1/8" til 1/4"
- Barbecuesaus uten sukker
- Løksalt; å smake
- Hvitløkssalt; å smake

## Veibeskrivelse

a) Kjevle eventuelt ut kjøttstykker så tynne som mulig. Klipp av fett.

b) Sett grillen på 220~ og kle kakeplater med folie

c) Pensle den ene siden av kjøttet med saus. Plasser segmenter på kakeark; IKKE STABLE. dryss lett med løk og hvitløksalt. Kok i 8-9 timer.

d) Snu kjøttet etter seks timers koking og pensle med saus. Avkjøl og oppbevar i en tett dekket krukke eller forseglet i en plastpose.

## 81. Miso Bbq biff short ribs

Utbytte: 24 porsjoner

## Ingredienser

- 10 pounds Beef short ribs
- $\frac{3}{4}$ kopp Mirin eller hvitvin
- $\frac{3}{4}$ kopp japansk soyasaus
- 6 ss japansk miso
- $\frac{1}{4}$ kopp hvit eddik
- $\frac{1}{4}$ kopp sukker
- 2 ts asiatisk sesamolje
- $\frac{3}{4}$ kopp Mirin eller hvitvin
- $\frac{3}{4}$ kopp japansk soyasaus
- $\frac{1}{2}$ kopp Sake
- $\frac{1}{2}$ kopp sukker
- 2 ss fersk ingefær; raspet

## Veibeskrivelse

a) Bland ingrediensene til saltlake og mariner biff over natten, men ikke lenger enn 24 timer i kjøleskapet. Snu ofte for å belegge.

b) Ta ut oksekjøttet fra saltlake og grill over varmt kull for å steke.

c) Server med ingefær-teriyaki-saus, laget ved å kombinere ingrediensene i en panne og koke ned til sirupen blir jevn .

## 82. Grillet tørket biff

Utbytte: 4 porsjoner

## Ingredienser

- 1 pund Mager bunnrund eller mørbrad
- 2 stilker ferskt sitrongress, eller 2 ss tørket sitrongress
- 2 små røde chilipepper, med frø
- 2½ spiseskje sukker eller honning
- 1 ss vietnamesisk fiskesaus
- 3 ss Lett soyasaus

## Veibeskrivelse

a) Skjær kjøttet på tvers av kornet i veldig tynne 3 x 3 tommers segmenter. Hvis du bruker ferskt sitrongress, kast de ytre bladene og den øvre halvdelen av stilken. Skjær i tynne skiver og finhakk. Hvis du bruker tørket sitrongress, bløtlegg i varmt vann i 1 time. Hell av og finhakk.

b) Bland chili og sukker i en morter og støder til en fin deig. Tilsett sitrongress i terninger, fiskesaus og soyasaus og rør til Mix. (Hvis du bruker en mikser, bland alle disse og bland til en veldig fin pasta.) Spred pastaen over biffbitene for å dekke begge sider. La marinere i 30 minutter.

c) Spre ut hvert segment av marinert biff på en stor, flat rist eller bakeplate.

d) La hvile i solen til begge sider er helt tørket, ca 12 timer.

e) Grill biffen over en moderat kullild eller til den er brun og sprø, ca. 10 minutter.

## 83. Grill grillet prime rib

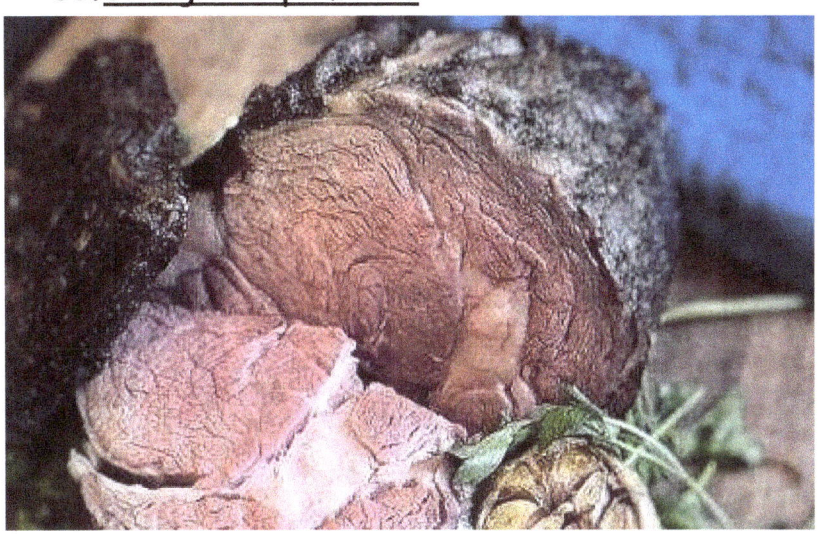

Utbytte: 1 porsjon

**Ingredienser**

- 1 hver 12 til 15 pund prime ribbein, bein inn
- 1 kopp Kosher salt
- 1 kopp grovknekket sort pepper
- Gni ribba over hele med salt og pepper.

**Veibeskrivelse**

a) I en stor vannkokergrill, start en brann godt over til den ene siden. Når kullene er godt opplyst legger du ribba på grillristen på siden motsatt kullene, pass på at ingen del av ribba er rett over kullene. Sett lokket på kjelen med ventilene $\frac{1}{4}$ åpne.

b) Kok i ca. 2 timer, og tilsett en håndfull ferskt kull hvert 30. minutt eller så

c) Ved 2-timers punktet, sjekk ribba med et kjøtttermometer for å fastslå om den er ferdig. Ta ut av ilden ved 118 F for svært sjeldne, 122 F for sjeldne, 126 F for moderat sjeldne, og så videre, legg til 4 F for hver grad av ferdighet

d) La hvile i 30 minutter før du skjærer i skiver.

84. Utendørs blandet grill

Utbytte: 1 porsjon

**Ingredienser**

- Velg kylling, pølse, biff, svinekjøtt og/eller lam, som du vil, og som følger:
- 1 pund beinfrie, skinnfrie kyllingbryst, kuttet i 1 tommers biter
- 1 pund søt italiensk pølse, kuttet i 1 tommers biter
- 1 kopp grapefruktjuice
- 3 ss honning
- 2 ss smeltet smør
- ½ ts salt
- 2 ss Frisk rosmarin i terninger
- 2 ss Frisk timian i terninger
- 1 ss Hakket hvitløk
- 1 liten løk, i terninger
- 2 ss sitronsaft
- ½ kopp olje
- 1 ts tørket timian
- 1 ts tørket merian

- 1 ts salt
- ½ ts pepper

**Veibeskrivelse**

a) Bland alle ingrediensene i en stor, ikke-reaktiv grunn tallerken; saltlake dekket i romtemperatur i 2 timer, eller dekket i kjøleskapet i flere timer.

b) Ta ut , porsjoner saltlake på nytt og spyd kylling på egne spyd(er) og pølse på eget spyd

c) Grill over moderat varme kull, roter ofte, pensle med respektive saltlake. Kylling vil ta ca. 15 minutter; pølse ca 20-25 minutter; svinekjøtt, biff eller lam ca 20 minutter. Ta ut av varmen og hell på resterende/respektive saltlake(r); dekk med folie i omtrent fem minutter; tjene.

## 85. Grillede biffbladssteker

Utbytte: 1 porsjon

Ingredienser

- Seks beinfritt biff blad; biffer
- 2 store røde paprika; kvart
- Skallet fra 2 navleappelsiner
- 1 kopp fersk appelsinjuice
- ⅓ kopp vegetabilsk olje
- 2 fedd hvitløk
- 1 ss soyasaus
- 1 ts Tørkede varme røde pepperflak
- 1 ss cidereddik
- ½ ts salt

Veibeskrivelse

a) I en stor, grunn tallerken, legg knivbiffene i ett lag og tilsett paprika.

b) I en mikser Bland sammen appelsinskallet, appelsinjuicen, oljen, hvitløken, soyasausen, de røde pepperflakene, eddiken og saltet til saltlaken er jevn, hell saltlaken over biffene og paprikaene, dekk dem grundig, og la blandingen marinere, dekket og avkjølt, over natten.

c) Grill biffene og paprikaene, saltlaken kastet, på en oljet rist satt 5 til 6 tommer over glødende kull i 8 minutter på hver side for moderat -sjeldne steker, flytt dem til et fat og la biffene hvile i 5 minutter.

## 86. Grillet biff og rosinrisotto

Utbytte: 4 porsjoner

**Ingredienser**
- 1 pund topp runde
- 2 ss olivenolje
- 1 ss essens
- risotto
- 1 ss olivenolje
- 1 kopp julienned gul løk
- 2 ss hakket sjalottløk
- 1 ss finhakket hvitløk
- 2½ kopp Arborio ris
- 2 kopper kalvekjøtt reduksjon
- ¼ kopp rødvin
- ⅓ kopp tørr Marsala
- 8 kopper kjøttkraft
- ½ kopp julienned grillet grønn paprika
- ½ kopp julienned grillet rød paprika
- ½ kopp julienned grillet gul paprika
- ½ kopp Romano ost

- ½ kopp gylne rosiner
- 1 salt
- 1 nykvernet sort pepper

Garnityr

- 1 ss finhakket rød paprika
- 1 ss finhakket gul paprika
- 2 ss grønn løk i terninger
- 3 unse Romano osteblokk
- 3 grillede hele grønne løk

Veibeskrivelse

a) Varm opp grillen.

b) Krydre den øverste runden med olivenolje og Emeril's Essence.

c) Legg på grillen. Grill i 3 til 4 minutter på hver side for moderat -sjelden. Til risottoen: Varm opp olivenolje i en stekepanne. Når pannen er rykende varm, tilsett løk, sjalottløk og hvitløk.

d) Stek grønnsakene i 1 minutt

e) Bruk en tresleiv, rør inn risen, stek i 1 minutt. Mens du rører konstant, tilsett kalvekjøttreduksjon, vin, Marsala og kjøttkraft, en kopp om gangen.

f) Kok risottoen i 10 til 12 minutter, mens du rører konstant. overlapp i paprika, ost og rosiner. Smak til med salt og pepper

g) Ta ut runden fra grillen og del på skjevheten i 2-ounce porsjoner.

h) For å sette sammen risottoen i midten av fatet. Luft kjøttet rundt risottoen. Pynt med brunfarget paprika, grillet grønn løk, og med en skreller, skjær av tynne deler av osten over toppen av risottoen.

## 87. Grillribbe til babyrygg

Utbytte: 1 porsjon

**Ingredienser**

- 3 pounds Baby back svineribbe
- 1 ss brunt sukker
- 1 ss paprika
- 2 ts hvitløkspulver
- 1½ ts sort pepper
- ½ kopp vann
- 1½ kopp favoritt grillsaus

**Veibeskrivelse**

a) Varm opp grillen til moderat .

b) Skjær hver ribberibbe i tredjedeler. Legg halvparten av ribben i enkelt lag på hvert folieark.

c) Bland brunt sukker, paprika, hvitløkspulver og pepper. sprutribbe med krydderblanding; gni inn for å dekke jevnt.

d) Pakk ribbene ved å bringe to sider av folieark til midten . Etterlater plass for varmesirkulasjon inne i pakken, overlapp folie ned. overlapp i den ene enden for å forsegle.

e) Tilsett ¼ kopp vann gjennom den åpne enden. overlapp folie inn for å forsegle. repliker for andre pakke. Grill 45 minutter til 1 time i dekket grill. Ta den dampede ribben sakte ut av folien og legg den direkte på grillen.

f) Grill ribba 10 til 15 minutter i utildekket grill. Børst ribba sjenerøst med barbecuesaus og roter hvert 5. minutt for å steke jevnt.

## 88. Sommerfuglfilet svinekam på grillen

Utbytte: 8 -10 servering

## Ingredienser

- 1 4lb beinfri svinekamstek
- 2 løk; fine terninger
- 1 ss Friske timianblader
- ½ ts Malt allehånde
- ¼ teskje Malt muskatnøtt
- ¼ ts malt kanel
- 1 ss sukker
- 2 ss varm peppersaus
- ½ kopp soyasaus
- 2 ss vegetabilsk olje

## Veibeskrivelse

a) Kutt eventuelt overflødig fett fra svinesteken. Butterfly steken ved å skjære horisontalt gjennom midten . Kjøttet skal ligge flatt.

b) Legg svinekjøttet i en flat tallerken. Bland de resterende ingrediensene for å lage en rykkepasta.

c) Fordel pastaen over svinekam, dekk til og mariner i kjøleskapet i minst 4 timer. Klargjør et bål på grillen. Når kullene har brent ned og er moderat varme, for å fange opp dryppene.

d) Steken skal steke over moderate kull i ca. 2 timer eller opp til et kjøtttermometer viser 150 til 160 grader.

e) Skjær svinekam i to på langs og skjær i tynne skiver.

## 89. BBQ Boston rumpe

Utbytte: 4 porsjoner

**Ingredienser**

- 4 pund Boston svinekjøtt rumpe
- 1 flaske BBQ-saus

**Veibeskrivelse**

a) Stek Boston svinekjøtt hele dagen, eller til den er så mør at den lett faller fra hverandre.

b) Ta ut av kjelen og la den avkjøles litt, men ikke la den bli kald.

c) Plasser kjøttet vekk fra fett og riv kjøttet med to gafler. Legg kjøttet tilbake i crockpot og tilsett en flaske med favorittbarbeque-sausen din og rør til den er grundig blandet.

d) Fortsett å koke til den er gjennomvarmet. Dette gir gode smørbrød på boller, eller kjøttrett. Flott med coleslaw og bakte bønner

## 90. Eple grillet svinekotelett

Utbytte: 4 porsjoner

**Ingredienser**

- 6 mellomskjærte pinnekjøtt
- Saltlake:
- 1 gallon eplecider
- $2\frac{1}{2}$ kopp Kosher salt
- 15 einerbær, knust
- $\frac{1}{2}$ haug rosmarin
- $1\frac{1}{2}$ kopp sukker

**Veibeskrivelse**

a) Bland eplecider, koshersalt, einebær, rosmarin og sukker. Tilsett svinekoteletter og mariner i saltlake i 40 minutter, avkjølt. Ta ut kotelettene fra saltlaken og tørk.

b) Stek på åpen grill i omtrent 10 minutter, roter etter behov.

## 91. Grillet svinekam

Utbytte: 6 porsjoner

**Ingredienser**

- 1 ss chilipulver
- $\frac{1}{4}$ teskje Malt spisskummen
- $\frac{1}{4}$ teskje salt
- $\frac{1}{4}$ teskje tørr oregano; knust
- 1 fedd hvitløk; hakket
- $1\frac{1}{2}$ pund Mager indrefilet av svin
- 1 stor søt løk
- Olivenolje matlagingsspray

**Veibeskrivelse**

a) Bland chilipulver, spisskummen, salt, oregano og hvitløk i en liten røreform.

b) sprut krydderblandingen over kjøttet, press inn i overflaten. Ordne kull for indirekte matlaging. Legg kjøttet på grillen, dekk til og grill i 30 til 45 minutter til termometeret viser 160 grader.

c) Spray løksegmenter med matlagingsspray med olivenolje og legg på grillristen over kull, siste 10 til 15 minutter av grilltiden.

d) Segmenter svinekjøtt og server svinekjøtt og grillet løk med mais- og svartbønnesalsa.

## 92. Indonesisk grillet svinekjøtt

Utbytte: 4 porsjoner

**Ingredienser**

- 1 pund svinekjøtt, marmorert
- 2 ts ingefær, malt
- 1 fedd hvitløk
- 1 løk
- 1 kopp fond
- 2 ss sukker
- 1 ss sherry
- 1 ss Olje
- 3 ss Ketjap manis
- Pepper
- Salt
- Sitronsaft
- 70 gram tomat
- ½ ts gourmetpulver
- 1 løk, liten
- 1 fedd hvitløk

**Veibeskrivelse**

a) Tilberedning av kjøttet: Lag en blanding av alle de ovennevnte ingrediensene og gni kjøttet med det. Brun den i en stekepanne med enten smør eller olje og tråkle kjøttet jevnlig

b) La småkoke i 10-15 minutter.

c) Tøm kjøttet og legg under en varm grill i noen minutter til det er glasert. Holde varm. Tilberedning av saus: Skjær løken i fine ringer eller segmenter og stek dem sammen med finkuttet hvitløk i olje eller margarin.

d) Når det er pent brunet, tilsett blandingen av kraft, sukker, sherry, tomat og gourmetpulver. La det småkoke i 5 minutter mens du rører sausen kontinuerlig. Tilsett nødvendig vann. Slik serveres: Hell den varme sausen over det varme segmenterte kjøttet og pynt det med terninger av grønnsaksagurk og rekekjeks.

## 93. Grillet svinekoteletter

Utbytte: 2 porsjoner

**Ingredienser**

- ¼ kopp hakket løk
- 1 ts tørket timian; smuldret opp
- 1 ts sukker
- 1 ts salt
- ½ ts sort pepper
- ½ ts Cayenne
- ½ ts Malt allehånde
- ⅛ teskje Nyrevet muskatnøtt
- ⅛ teskje kanel
- 2 ribbe (1/2-tommers tykke) svinekoteletter (hver ca. 4 gram)

**Veibeskrivelse**

a) Klar grill.

b) Finhakk og mos løken til en grov pasta med timian, sukker, salt og krydder.

c) Tørk svinekoteletter og gni over hele med jerk paste. Grill svinekjøtt på en oljet rist satt 5 til 6 tommer over glødende kull 4 minutter på hver side, eller opp til akkurat gjennomstekt.

## 94. Grillet pinnekjøtt med velsmak

Utbytte: 4 porsjoner

**Ingredienser**

- 4 mellomstore svinekoteletter, 1 tomme tykke.
- 1 liten rød paprika, i terninger
- 1 liten løk, i terninger
- 4 Granny Smith-epler, skrelt og bløtlagt i sitronvann
- 2 ss Frisk ingefær revet
- 2 ss brunt sukker
- ¼ ts rød pepperflak
- 1 ss karripulver
- ½ teskje Gurkemeie
- Kosher salt etter smak
- Frisk knust sort pepper
- 1 kanelstang
- 5 hele nellik
- 2 laurbærblader
- 1½ kopp eplejuice
- 1 kopp eplecidereddik
- 1 kopp ristede mandler

- 1 ss maisstivelse
- 1½ spiseskje vann

**Veibeskrivelse**

a) Krydre svinekoteletter med salt og pepper. Stek på begge sider i en varm panne på middels høy varme til de er gyldenbrune. Ta ut og legg på en bakeplate. Sett i en 375-graders grill i 8 minutter. Ta ut fra grillen . Hell kanel-eplegodteri på et porsjonsfat og legg koteletter på toppen.

b) Belegg en stor takke med vegetabilsk oljespray og legg over moderat varme; tilsett paprika og løk og stek til den er myk.

c) Tilsett epler, ingefær, brunt sukker, pepperflak, karripulver, gurkemeie, kanelstang, nellik og laurbærblad; fortsett å brenne til de slipper aromaen. Tilsett eplejuice og eddik og kok opp. Tilsett mandler.

d) Løs opp maisstivelse i vann og rør inn i blandingen; småkoke og la redusere i 20 minutter.

## 95. Plommeglasert indrefilet av svin

Utbytte: 4 porsjoner

## Ingredienser

- 1 kopp plommekonserver
- ¼ kopp Dijon landlig sennep
- ⅛ kopp honning
- ⅛ kopp brunt sukker
- ¼ kopp eddik (prøv riseddik)
- 2 ts ferske bladselleri; hakket

## Veibeskrivelse

a) Bland alle ingrediensene i en moderat kasserolle over lav varme, rør for å blande sammen til konserves og sukker smelter og alt er blandet godt. Kan trenge visp for å blande inn brunt sukker

b) TILBEREDNING: Klar grill på vanlig måte for å grille indrefilet av svin.

c) Dypp svinekjøtt i glasur og legg på grillen, pensle ½ glasur på til denne gangen.

d) Avhengig av brannvarmen og størrelsen på svinekam, grill ca. 15 minutter på hver side. Når du roterer til andre side, børst på gjenværende glasur.

## 96. Grillet tamarind pinnekjøtt

Utbytte: 4 porsjoner

Ingredienser

- 3 ss tamarindpasta
- 1 ss hakket hvitløk
- 1 ss risvineddik
- 1 kopp olivenolje
- 4 ss rørsirup
- 3 ss mørk melasse
- 3 ss ketchup
- nykvernet svart pepper; å smake
- 1 bayou eksplosjon
- 4 dobbeltkuttede pinnekjøtt av svin
- 1 koriander og grillet potetsalat

Veibeskrivelse

a) Klargjør kullene til grillen.

b) I en foodprosessor, tamarindpasta, hvitløk, rørsirup, eddik, olje, melasse og ketchup. Smak til med salt og pepper

c) Krydre hver kotelett med Bayou Blast. Legg kotelettene i en stor zip-lock-pose og hell i saltlake. Lukk posen helt og rist posen et par ganger. Avkjøl i 24 timer, roter posen flere ganger.

d) Ta kotelettene ut av kjøleskapet og tøm, porsjoner saltlaken på nytt. Legg den reserverte saltlaken i en kjele over moderat varme. La blandingen småkoke og kok i 2 minutter.

e) Ta ut av varmen og avkjøl. Plasser kotelettene på grillen, ikke over direkte flamme, og grill i 6 til 8 minutter på hver side i moderat tid, tråkle flere ganger med rester av saltlake.

f) Ta ut av grillen og la hvile i et par minutter før porsjon .

g) For å servere, haug koriander og grillet potetsalat i midten av hver tallerken. Legg kotelettene mot salaten. sprut hver tallerken med eventuell gjenværende saltlake.

## 97. Grillet, fylt indrefilet av svin

Utbytte: 1 porsjon

## Ingredienser

- 2 hele indrefileter av svin; delt i to og butterflyed
- 1 kopp svart oliven tapenade
- Stekt gul peppersaus

**Gni**

- ½ kopp anchopulver
- ⅓ kopp olivenolje
- ⅓ kopp paprika
- 1 ts hvitløk; rå terninger
- Salt
- Pepper

**Stekt gul peppersaus**

- 2 gule paprika; grillet, frøet
- ⅓ kopp risvineddik
- 6 kopper hvitløk; grillet
- 1 klype safranspyd s
- 1 ss honning

**Veibeskrivelse**

a) lag tapenade i midten av svinekamene , rull og smak til med rub. Varm oljen i en stekepanne til den nesten ryker

b) Brun svinekam på alle sider og grill i 3 minutter på hver side.

c) Bland alle sausingrediensene i en mikser og kjør til den er jevn.

d) Smak til med salt og pepper

## 98. Honning-bourbon grillet svinekjøtt

Utbytte: 9 porsjon

Ingredienser

- 3 magre (3/4-pund) indrefilet av svin
- ½ kopp hakket løk
- ½ kopp sitronsaft
- ½ kopp Bourbon whisky
- ¼ kopp honning
- ¼ kopp soyasaus med lavt natriuminnhold
- 1 ss Finhakket skrellet ingefærrot
- 2 ss olivenolje
- 4 fedd hvitløk, finhakket
- ½ ts salt
- ¼ teskje pepper
- Vegetabilsk matlagingsspray
- 3 ss All-purpose mel
- 1¼ kopp vann

Veibeskrivelse

a) Trim fett fra svinekjøtt. Bland løk og de neste 7 ingrediensene (løk gjennom hvitløk) i en stor kraftig plastpose med glidelås. Legg til svinekjøtt; forsegl posen, og mariner i kjøleskapet i 30 minutter.

b) Ta ut svinekjøtt fra posen, porsjoner saltlake. dryss salt og pepper over svinekjøttet.

c) Legg svinekjøttet på en grillrist dekket med kokespray.

d) Dekk til og stek i 30 minutter eller opp til kjøtttermometeret registrerer 160 grader, roter og tråkle svinekjøtt av og til med $\frac{1}{2}$ kopp saltlake.

e) Skjær svinekjøttet i $\frac{1}{4}$-tommers tykke segmenter; sett til side, og hold varmen.

f) Ha mel i en liten kjele. Tilsett gradvis gjenværende saltlake og vann, rør med en wire opp til blandet. Kok opp på moderat varme, og kok i 3 minutter eller opp til den tykner, mens du rører konstant. Skje saus over svinekjøtt; server med potetmos, om ønskelig.

## 99. Sesam-hvitløk mørt svinekjøtt s

Utbytte: 4 porsjoner

**Ingredienser**

- 1½ pund indrefilet av svin
- 4 ss soyasaus
- 2 ss sesamolje
- 2 ss brunt sukker
- ½ ts honning
- 1 ss tørr sherry
- 4 fedd hvitløk, skrellet og finhakket
- 2 ss sesamfrø, ristet
- 3 til 4 scallions, segmentert på en diagona l

**Veibeskrivelse**

a) Bland alle ingrediensene til saltlake og mariner svinekjøtt dekket over natten i kjøleskapet.

b) Ta ut svinekjøtt fra saltlake, kast saltlake. Grill svinekjøtt over moderat varme kull, roter av og til, i 15 til 20 minutter eller opp til et kjøtttermometer viser 155'E Ta ut svinekjøttet fra grillen og skjær i medaljonger.

c) Server umiddelbart.

## 100. Sitrongress grillet svinekjøtt

Utbytte: 4 porsjoner

**Ingredienser**

- 1 pund svinekjøtt kuttet i passe store biter
- 10 ss palmesukker
- 10 ss fiskesaus
- 10 ss Mørk soyasaus
- 10 ss sitrongress
- 5 ss whisky
- 5 ss sjalottløk
- 5 ss hvitløk
- 5 ss kokosmelk
- 3 ss sesamolje
- 1 ss sort pepper

**Veibeskrivelse**

a) Bland saltlaken Ingredienser bortsett fra kokosmelken og i en kjele eller wok, la det småkoke til det er redusert til omtrent halvparten av det opprinnelige volumet.

b) La det avkjøles, og tilsett kokosmelken, rør til det er blandet.

c) Saltlak kjøttet i 1-3 timer på et kjølig sted, la det renne godt av og stek det på spyd.

d) Grill kjøttet til det er gjennomstekt. Varm opp saltlaken til den småkoker under omrøring i 1-2 minutter (for å koke eventuelt blod som har dryppet fra marineringskjøttet, og dermed sterilisere det), og server som en dipsaus til kjøttet.

## KONKLUSJON

Hvis du vil at noe skal være autentisk, så bruk det tradisjonelle, men når du skal finne favorittoppskriftene dine, tilpass dem til det du liker best. F

Med denne boken vil du ha en god forankring i hva som fungerer best for forskjellige kjøtt, og deretter eksperimentere og ha det gøy med å finne dine perfekte oppskrifter. Som Picasso sa, "Lær reglene som en proff, så du kan bryte dem som en artist".

www.ingramcontent.com/pod-product-compliance
Lightning Source LLC
Chambersburg PA
CBHW070647120526
44590CB00013BA/860